过失渎职犯罪研究

秦悦涵◎著

九州出版社
JIUZHOUPRESS

图书在版编目（CIP）数据

过失渎职犯罪研究 / 秦悦涵著 . -- 北京：九州出
版社，2025.3. -- ISBN 978-7-5225-3780-1

Ⅰ. D924.393.4

中国国家版本馆 CIP 数据核字第 2025FN4978 号

过失渎职犯罪研究

作　　者	秦悦涵　著	
责任编辑	蒋运华	
出版发行	九州出版社	
地　　址	北京市西城区阜外大街甲 35 号（100037）	
发行电话	（010）68992190/3/5/6	
网　　址	www.jiuzhoupress.com	
印　　刷	三河市华东印刷有限公司	
开　　本	710 毫米×1000 毫米　16 开	
印　　张	13.5	
字　　数	174 千字	
版　　次	2025 年 3 月第 1 版	
印　　次	2025 年 3 月第 1 次印刷	
书　　号	ISBN 978-7-5225-3780-1	
定　　价	89.00 元	

目 录
CONTENTS

绪 论

过失渎职犯罪是国家机关工作人员严重不负责任、懈怠履行公职而构成的一类严重职务犯罪。国家机关工作人员的失职渎职行为不仅使国家与人民利益遭受重大损失，也有损公权力的威信，降低人民对国家机关工作人员职务活动公正性、廉洁性的信赖度。近年来，国家持续加大对包括过失渎职犯罪在内的职务犯罪的惩治预防力度，以及对公权力运行的制约监督力度。党的十八届三中全会通过的《关于全面深化改革若干重大问题的决定》，首次在党的决定中提出"公权力"概念，① 强调要强化权力运行制约和监督体系，健全反腐倡廉法规制度体系，释放出"把权力关进制度笼子"的重要信号。自党的十八大以来，检察机关作为法律监督机关，行使其基于法律监督职能所派生出的职务犯罪侦查权，在惩治和预防过失渎职犯罪方面发挥了重要作用。2014 年，全国各级检察机关查办渎职侵权犯罪的国家机关工作人员近 14000 人②；2015 年，查办严重不作为、乱作为的国家机关工作人员渎职侵权犯罪13000 人③；2016 年，立案侦查包括犯玩忽职守罪在内的国家机关工作

---

① 肖培.强化对权力运行的制约和监督［N］.人民日报，2019-12-16（9）.
② 最高人民检察院工作报告［R/OL］.（2015-03-12）［2024-10-06］.https：//www.spp.gov.cn/spp/gzbg/201503/t20150324_93812.shtml.
③ 最高人民检察院工作报告［R/OL］.（2016-03-13）［2024-10-06］.https：//www.spp.gov.cn/spp/gzbg/201603/t20160321_114723.shtml.

人员近 12000 人①。最高人民检察院格外重视对渎职犯罪案例的处理，将第二批和第四批指导性案例中发布的多起过失渎职犯罪案件，作为司法机关侦查、办理过失渎职犯罪案件的参考范例。过失渎职犯罪案件数量以及查办人数在一定时期内的变化，一方面显示了公权力运行监督体系的逐步规范化；另一方面，全国过失渎职犯罪的整体严峻态势也反映出公权力运行监督机制存在短板。"党内监督难以覆盖所有行使公权力的公职人员，行政监察工作只局限于行政系统内部，检察部门的反贪反渎工作受制于现实因素，又以党内监督为前置，难以形成监督合力。"②监督力量分散、监督职责重叠、监督范围过窄、监督手段衔接不畅等问题，客观上制约了过失渎职犯罪惩治与预防的效果。

　　为突破上述困境，进一步完善过失渎职犯罪等职务犯罪的惩治与预防工作，健全公权力运行制约监督机制，党的十九大就深化国家监察体制改革作出了部署。自 2017 年起，国家开始在地方开展监察体制改革试点工作，"整合检察、侦查、预防腐败和行政监察的力量，组建集中统一、权威高效的反腐败国家机关——监察委员会，与党的纪律检查机关合署办公，实现对所有党员干部和公务人员监督、监察的全覆盖"③。2018 年《中华人民共和国监察法》颁布后，检察机关原有的反渎职侵权和职务犯罪预防等职务犯罪侦查预防职权转隶至监察委员会，形成了与行政权、侦查权、检察权、审判权等公权力并行的监察权。监察委员会拥有对六类国家公职人员涉嫌贪污贿赂腐败、滥用职权、玩忽职守、权力寻租、利益输送、浪费国家资财等七类职务违法或职务犯罪案件的

---

① 最高人民检察院工作报告［R/OL］.（2017-03-12）［2024-10-06］. https：//www.spp.gov.cn/spp/gzbg/201703/t20170320_ 185861.shtml.

② 李少文. 全面深化国家监察体制改革［N］. 学习时报，2018-03-07（5）.

③ 吴建雄. 国家监察体制改革与新时代中国特色社会主义监督体系构建［J］. 统一战线学研究，2018，2（1）.

管辖权，检察机关则保留对司法工作人员利用职权犯罪相关案件的管辖权。经过监察体制改革，"我们把所有行使公权力人员纳入统一监督的范围，解决了过去党内监督和国家监察不同步、部分行使公权力人员处于监督之外的问题"①。由此，监察委员会对过失职务违法和过失职务犯罪案件都拥有了调查和管辖的权限，填补了过去部分国家公职人员在纪与法之间空白地带"犯罪有人管、违法无人问"的监督死角，实现了对公权力的监督和对反腐败、反渎职工作的全面覆盖。从最高人民法院及最高人民检察院的统计数据来看，2018 年全国各级检察机关受理各级监察委员会移送职务犯罪 16 092 人，起诉 9802 人，② 其中渎职罪生效判决人数为 4037 人；③ 2019 年检察机关受理移送职务犯罪 24 234 人，同比上升 50.6%，起诉 18 585 人，同比上升 89.6%，④ 渎职案件被告人判决生效人数为 2461 人⑤。至 2023 年，检察机关全年受理各级监察委员会移送职务犯罪的人数已高达 8.8 万人次⑥。经历了监察制度创新和反渎职犯罪资源配置优化后的国家监督体系，对渎职犯罪的防治更加高效、有力。在新时期打好反渎职犯罪斗争攻坚战、持久战的高压态势之下，在"保证公权力正确行使，更好促进干部履职尽责"⑦ 和"管住不

① 习近平. 在新的起点上深化国家监察体制改革 [EB/OL]. 求是网, 2019-03-01.
② 最高人民检察院工作报告 [R/OL]. (2019-03-12) [2024-10-06]. https://www.spp.gov.cn/spp/gzbg/201903/t20190319_412293.shtml.
③ 2018 年全国法院司法统计公报 [R/OL]. (2018-04-01) [2024-10-06]. http://gongbao.court.gov.cn/Details/c70030ba6761ec165c3c2f0bd2a12b.html.
④ 最高人民检察院工作报告 [R/OL]. (2019-03-12) [2024-10-06]. https://www.spp.gov.cn/spp/gzbg/201903/t20190319_412293.shtml.
⑤ 2020 年全国法院司法统计公报 [R/OL]. (2020-04-01) [2024-10-06]. http://gongbao.court.gov.cn/Details/0bce90201fd48b967ac863bd29059b.html.
⑥ 最高人民检察院工作报告 [R/OL]. (2023-03-07) [2024-10-06]. https://www.spp.gov.cn/spp/gzbg/202303/t20230317_608767.shtml.
⑦ 习近平. 在新的起点上深化国家监察体制改革 [EB/OL]. 求是网, 2019-03-01.

用弃用权力的失职行为"①的目标指引下，过失渎职犯罪作为司法实践中高发的一类职务犯罪，理应成为刑法严厉打击和重点规制的犯罪类型，也应当成为刑法关注和研究的重点与焦点。

自 1997 年《中华人民共和国刑法》颁布之后，虽然过失渎职犯罪的刑事立法与相关司法解释一直未发生本质性的重大调整，但我国的刑法理论已经发生了翻天覆地的变化。一方面，犯罪构成体系的结构演变、过失犯罪理论的嬗变以及客观归责理论、风险社会理论等方法论的引入，促使我们以全新的理论视角全面审视过失渎职犯罪，破解其刑事追责困境；另一方面，在国家监察体制改革的时代背景下，过失渎职犯罪的治理方式和治理立场也发生了重要转变，亟须理顺过失渎职犯罪刑事责任、监察法律责任、党内纪律责任的追究机制与衔接机制，在"法法贯通""纪法衔接"的目标指引下，构建过失渎职犯罪的多元责任体系。

过失渎职犯罪本质上是过失犯罪，且兼具行政犯的属性特征。若仍然遵循传统过失犯理论，强调其行为不法的核心在于对结果避免义务的违反，就容易使过失渎职犯罪成为违反行政法规范的结果加重犯，从而扩大过失渎职犯罪的处罚范围。而且，违反结果避免义务的过失行为并不一定就具有过失行为不法性。引入允许的风险理论，可将过失渎职犯罪的行为不法解释为制造了不被允许的风险。预防刑法思潮的兴起以及从结果本位向行为本位转变的理论趋势，消解了法益侵害结果在过失犯罪构成要件中的必要地位，过失危险犯罪在一定程度上得到承认。在预防刑法视角下，过失渎职行为所制造的不被允许的风险即使未现实化为实害结果，风险本身也可被视为过失渎职犯罪的结果。此外，以不被允许的风险理论重塑过失渎职犯罪的行为不法与结果形态后，过失渎职犯

---

① 习近平. 在新的起点上深化国家监察体制改革 [EB/OL]. 求是网，2019-03-01.

罪的主观不法就不再仅仅是单纯地违反结果预见义务，而应被实质解读为违反了"风险制造"与"风险实现"的双层次结果预见义务。只有完整履行了风险制造预见义务和风险实现预见义务，才可被评价为未违反结果预见义务；若行为人履行了风险制造预见义务，但未履行风险实现预见义务，则仍应被评价为违反了结果预见义务，具备过失不法。

过失渎职犯罪的归责涉及渎职结果的客观责任归属以及过失主观归责。犯罪结果的责任归属是指犯罪结果对于行为人的客观归属性。过失渎职犯罪结果的发生是行为人所实施的过失渎职行为的"作品"，若要行为人在客观上为犯罪结果"负责"，需在明确过失渎职行为是引起渎职结果发生的必要条件后，审查渎职结果的发生能否从规范层面归咎于行为人的过失渎职行为，即对因果关系是否具有"法秩序价值上的重要性"进行规范性判断。若作为条件行为的过失渎职行为制造了不被允许的风险，且该风险在具备结果避免可能性的前提下，现实化为规范保护目的范围内的渎职结果，则可肯定渎职结果对于过失渎职行为人的客观责任归属。过失具备了主观不法与责任的双重体系地位后，过失的主观归责机能也一分为二：双重结果预见义务的违反与否决定了过失不法成立与否及过失的类型，责任过失判断行为人的主观不法是否应当为其制造的"作品"而受到刑法谴责。在具备客观结果预见可能性的前提下，考察过失渎职犯罪行为人对其主观结果预见能力的动用情况，探讨行为人主观预见水平低于或高于其职责专业领域内的一般理性人平均水平时，应采用一般人标准抑或行为人个别化标准来判断其责任过失的成立与否。

国家监察委员会、人民检察院及党的纪律检查委员会合力对国家机关工作人员进行监督，对涉嫌犯罪者进行刑事追责，对违法者给予政务处分，对具有党籍的过失渎职行为主体实施纪律处分，共同在惩治与预防渎职犯罪方面发挥着重要作用。国家机关工作人员涉嫌过失渎职犯罪，无疑应承担刑事责任。基于我国过失渎职犯罪治理的新模式，国家机关工作人员的非刑事责任形式包括源自行政权或人事任免权的处分和源自监察权的政务处分。对于具备中国共产党党员身份的国家机关工作人员，若构成过失渎职犯罪，还必须接受党内纪律处分。过失渎职犯罪刑事立案侦查进入刑事诉讼程序之后，可能出现三种终结诉讼程序的形态：第一，犯罪情节轻微，人民检察院依法作出不起诉决定；第二，经过人民法院审理，认为不构成过失渎职犯罪；第三，经过人民法院审理，认为构成过失渎职犯罪。在法定不起诉、法院判决认定不构成过失渎职犯罪、法院判决认定构成过失渎职犯罪但免于刑事处罚，以及法院判决认定构成过失渎职犯罪且判处实刑的不同情形下，如何协调过失渎职犯罪责任主体刑事责任与非刑事责任的适用与衔接，是需要重点解决的问题。

第一章

过失渎职犯罪的基本问题分析

事君者为官，治民者为吏，官吏乃担任国家职务、掌管国家事务之人。根据《辞海》的定义，"渎"有轻慢、不敬之意；"职"作名词时指职务、职业或职位，作动词时则有执掌、主管之意。因此，从词源考证，"渎职"一词是指负有特定职责的官吏轻慢、怠慢所主管职责的行为，过失渎职犯罪则是负有特定职责者出于过失心态，不充分、不正确履行其职责的一类犯罪。

本章梳理过失渎职犯罪的立法沿革，探讨其刑法规制范畴，在监察体制改革的背景下框定过失渎职犯罪刑法规制的罪名范围与主体范围；按照不同的分类标准对过失渎职犯罪进行类型划分，为后续类型化研究做好理论铺垫。从法益二元论的立场出发，剖析过失渎职犯罪复合法益的内容，分析其行政犯属性特征，对过失渎职犯罪行政不法与刑事不法的双重违法性进行辨识，找准过失渎职行政违法与过失渎职犯罪之间的临界点，从而确定过失渎职行为成立刑事犯罪的罪质和罪量标准。

第一节 过失渎职犯罪的立法沿革与刑法规制范畴界定

一、过失渎职犯罪的立法沿革

先秦时期,《尚书·胤征》记载了史上著名的"书经日食"事件:夏朝负责观测天象的天文官员羲和"沈乱于酒""遐弃厥司",因沉湎于酒、荒废厥职,在日食发生时"罔闻知,昏迷于天象",故而遭受了夏帝仲康的"先王之诛"①。胤侯奉仲康之命征讨羲和时鼓舞士气曰:"天吏逸德,烈于猛火。"意思是天王的官吏失职失德,害处更甚于猛火,故而先王要对其进行惩罚,以此训示其他官吏恪尽职守,与王室勠力同心,"钦承天子威命"。"书经日食"被认为是我国历史上最早追究官吏过失渎职责任的史料记录。

商朝的国相伊尹制定《官刑》,以"三风十愆"之罪训诫官吏,整肃宫规、勉励职守。"三风"是指巫风、淫风及乱风,其中巫风即表现为"恒舞于宫、酣歌于室"②,指为政者沉溺酒歌、不理政事、玩忽职守,违反者则要以墨刑处之。周朝之后,礼乐文化逐渐形成,一切制度规范尽归于"礼"。《周礼》以职官为纲,设立天官、地官、春官、夏官、秋官、冬官六类职官佐周王治国,分别负责宫廷、民政、宗族、军务、刑罚及营造事务。《周礼》要求官员公正廉明、各司其职,"各修乃职,考乃法,待乃事,以听王命",若有渎职者,"则国有大刑"③。

---

① 出自《尚书·胤征》。
② 出自《尚书·伊训》。
③ 出自《天官冢宰第一·小宰》。

天官中的宫正负责考察宫中官吏的功业，纠察他们的德行，以"去其淫怠"①，摒弃放纵懈怠、擅离职守的官吏。《周礼》中的吏治思路也呈现出"宽严相济"的特点。"严"表现为设置监察官监督官员，如秋官中的"禁杀戮"一职有权监督掌管诉讼的官吏，对"攘狱者、遏讼者"等渎职者可"告而诛之"。②"宽"则表现为"三宥之法"③，即宥不识、宥过失、宥遗忘，对因过失、无知或遗忘造成的犯罪予以宽大处理。例如"不永所事，小有言，终吉"④，"不永所事"是指官员懈怠政事、失于职守的罪名，对于为官者"不永所事"的行为，只需给予斥责等轻微处罚；若官员们能吸取教训、改正错误，结果仍为"吉"。⑤《周礼》其余各篇也详尽规定了百官的职责及渎职责任，奠定了后世吏治之基。

秦统一后，历代王朝多在刑律中设专篇规制官吏犯罪，如秦汉时期的《置吏律》《除吏律》，魏晋南北朝时期的《违制律》，《唐律疏议》（下文中简称《唐律》）中的《职制律》，《大明律》和《大清律例》中也皆设有《吏律》卷。历代律例中虽未出现"渎职"一词的直接表述，但在官之位、行吏之权而成立的犯罪往往被冠以"吏""职"等具有明显职务指向性的罪名，可以推定均属于渎职犯罪的范畴。自唐朝以后，中央行政机构基本形成了由尚书省统摄的吏、户、礼、兵、刑、工六部体制。六部分职下，各部官员皆有可能构成特殊的职务犯罪。以户部为例，其掌管户籍制度，户籍制度对控制人口流动、计算征收赋税徭役的重要性不言自明，历代统治者无不重视对户籍人口的掌控与户部官

---

① 出自《天官冢宰第一·宫正》。
② 出自《秋官司寇第五·禁杀戮》。
③ 出自《秋官司寇第五·司刺》。
④ 出自《易·讼初六中》。
⑤ 胡留元，冯卓慧.夏商西周法制史［M］.北京：商务印书馆，2006：376.

吏的考核。若百姓存在"脱漏户口"之事，据《唐律》规定，失察
（"不觉脱漏增减"）的官吏须按辖区内"脱漏者"的数量承担相应刑
事责任，上级官吏则依脱漏总数量刑。[①] 明清时期，基层官吏里长若因
未妥善履行实地勘察统计义务（"失于取勘"）致管辖范围内出现脱户
者，以户什罚：脱五户以下，里长受笞刑五十；每多脱五户刑加一等，
最高杖一百。若有漏户者，以漏口数计罚：漏十口以下，笞三十；每多
漏十口加刑一等，最高杖五十。[②] 里长的上级（如县级提调正官、首领
官吏等）亦要受到责罚，但严苛程度低于直接责任人。又如负责司法
裁判工作的刑部，从事搜查、逮捕、审判、执行、监禁等司法活动者均
有因过失而构成渎职犯罪的规定。"出入人罪"即司法审判活动中的渎
职行为，《唐律》《宋刑统》《大明律》以及《大清刑律》中均规定了
该罪名："入罪"指无罪判有、轻罪重判，"出罪"则是有罪判无、重
罪轻判。故意错判为"故出入人罪"，过失错判为"失出入人罪"，司
法官吏因过失致裁判错误的，按律构成犯罪。

自明朝始，立法增设适用于所有官吏的一般过失渎职犯罪——"擅
离职役"罪，指无故擅离职守、未奉制履行义务或未妥善、正确、及时
履行义务的行为，成为明清两朝广泛适用的渎职罪名。古代过失渎职犯
罪的立法有两处突出特点：其一，其犯罪成立范围及犯罪成立标准的严
苛性远超现代刑法。例如，古代立法对特定公务的完成时间设定了严格
的期限，超过设定的期限即应受惩处。《唐律》之《职制律》对各类文
书的撰写时间进行了详细规定："满二百纸以下，给二日程。"[③] 即以两
日为基础期限，超过二百页的文书，每多二百页就可多加一日期限，但

---

① 胡世凯. 明主治吏不治民：中国传统法律中的官吏渎职罪研究 [M]. 北京：中国政
法大学出版社，2002：90.
② 出自《大清律例·卷八》。
③ 出自《唐律疏议·卷第九》。

总时限不得超过七日。特殊文书如"赦书"写作不得超过三日，军务紧急文书必须在当日内写毕。撰写文书超出上述期限者称"稽缓"，时限超一日则笞十，每超三日便刑加一等，最高杖八十。① 此外，官吏"非故而失错旨意"②，即非因故意而是过失对文书理解有误，亦需受到惩罚。其二，我国古代对过失渎职犯罪的处罚轻于故意渎职。《大清律例·吏律》中有"制书有违律"一条："故违不行者，杖一百。失错旨意者，各减三等。"③ 对故意违反者和失错违反者规定了不同的刑罚，条文中的"失错"即是指因对文义的不解或未经详看而错误理解制书令旨意的过失形态。从《唐律》关于"出入人罪"的立法规定中可知，"从轻入重，以所剩论"，重判刑罚的由作出枉法裁判的官吏来承担超出正常刑罚的部分；若官吏是出于过失作出错误裁判的，比照故意犯罪减轻处罚，"失于入者，各减三等；失于出者，各减五等"④。宋朝更规定"失出无罪，失入死罪"⑤，因过失而错误轻判的渎职行为无罪，体现了对过失渎职行为更为宽容的处罚原则。

清末民初颁布的《大清现行刑律》和《大清新刑律》对官吏过失渎职犯罪的规定，基本沿袭了《大清律例》这部最后的封建王朝法典的体例和内容，例如，在职制中设置了"擅离职役"这一适用于所有官吏的一般性罪名，又具体在公式、户役、礼制、宫卫、军政、邮驿、捕亡、断狱等体例中规定，官吏过失未履行或未妥善履行其职责所应受到的刑罚处罚，总体而言仍未脱离以维系封建统治为目标的治吏思路。民国元年（1912年）三月颁布的《临时大总统宣告暂行援用前清法律

---

① 出自《唐律疏议·卷第九》。
② 出自《唐律疏议·卷第九》。
③ 大清律例［M］. 田涛，郑秦，点校. 北京：法律出版社，1999：158.
④ 出自《唐律疏议·卷第三十》。
⑤ 刘永加. 宋代"出入人罪"与法官责任追究制［N］. 人民法院报，2019-01-04 (5).

及暂行新刑律令》规定，在"中华民国"法典编纂工作结束之前，《大清新刑律》中除与"中华民国"政治体制、精神风貌相抵触者以外的法条继续有效。① "中华民国"官员犯过失渎职罪的，应援引《大清新刑律》的相关规定予以惩处。民国三年（1914 年）、七年（1918 年）虽颁行《大清新刑律》补充条例，但均未改动过失渎职犯罪相应法条。民国二十一年（1932 年），国民政府公布《政治犯大赦条例》，有九类犯罪不在大赦范围之内，其中就包括犯渎职罪。② 国民政府依五权宪法的精神设行政、立法、司法、考试、监察五院，就职于五院的公职人员被称为公务员，并起草了详细的各院组织法、办事细则、服务规则、考勤细则、处分规则等，明确职责规范。监察院负责监察公务员是否有违法、废弛职务等失职行为，并依据民国二十年（1931 年）出台的《公务员惩戒法》，将渎职者弹劾移送惩戒机关。民国二十四年（1935 年），"中华民国"司法部颁行《中华民国刑法》，于分则第四章专设渎职犯罪章节，其中第 127 条第 2 款③明确规定，因过失导致违法执行刑罚或不执行刑罚的渎职罪，第 137 条④、138 条⑤分别规定了过失泄露国家秘密的渎职罪、开拆或隐匿投寄之邮件或电报的渎职罪。值得一提的是，"中华民国刑法"自民国二十四年（1935 年）起至 2024 年 7 月 31日共经历了 54 次修改，至今仍为我国台湾地区沿用。我国台湾地区

---

① 杨幼炯. 近代中国立法史［M］. 郑州：河南人民出版社，2017：101.
② 汪楫宝. 民国司法志［M］. 北京：商务印书馆，2013：27.
③ 《中华民国刑法》第 127 条第 2 款：有执行刑罚职务之公务员，因过失致执行刑罚者，处一年以下有期徒刑、拘役或三百元以下罚金。
④ 《中华民国刑法》第 137 条：公务员泄漏或交付关于民国内政秘密之文书、图画、消息或物品者，处三年以下有期徒刑并科处五千元以下罚金。
⑤ 《中华民国刑法》第 138 条：在邮务局或电报局执行职务之公务员开拆或隐匿投寄之邮件或电报者，处三年以下有期徒刑，拘役，得并科或易科五百元以下罚金。

"中华民国刑法"增加了委弃守地渎职罪①和废弛职务渎职罪②两个罪名，其他过失渎职罪名规定则在适应时代改变调整了刑罚幅度之余基本维持了最初的设定。

我国近代以来针对过失渎职犯罪的立法活动从中国共产党成立后的民主革命时期开始。在这一阶段，反贪污渎职成为人民政权建设的重要内容。1930年，闽西第一次工农兵代表大会通过并由闽西苏维埃政府布告公示的《闽西裁判条例》（以下简称《条例》），其第四章专设政府工作人员的惩治办法，规定对"怠工放弃职责"者予以撤职，这是地方苏维埃政府对玩忽职守这一过失渎职行为予以特别重视和规制的早期表现。中华苏维埃共和国于1933年颁布了《关于惩治贪污浪费行为》的训令，严惩因玩忽职守而浪费公款致使国家遭受利益损失的行为。在该训令中，贪污行为和渎职行为没有特别明确的区分，二者均属于反贪腐、治理腐败的对象，玩忽职守的过失渎职行为只是手段和过程，而打击的重点在于因玩忽职守造成的浪费公款这一危害结果。中华苏维埃共和国最高特别法庭在特字第一号"对熊仙壁的刑事处分"判决书中写道："被告人身为县苏主席……乃竟敢放弃职务……玩忽政府法令，已构成渎职罪。……法庭……开展反渎职贪污的斗争……对被告人之渎职贪污犯法行为，特判处监禁一年……期满后剥夺公权一年。"③除此之外，在一些专门条例中也可以零散窥见对过失渎职行为的规制。例如，1934年人民委员会公布的《保护山林条例》第4条规定，各级政府如不负责任随便批准砍树的，处一年以上三年以下的监禁；中华苏

---

① 《中华民国刑法》（2024年7月31日修订）第120条：公务员不尽其应尽之责而委弃守地者，处死刑、无期徒刑或十年以上有期徒刑。
② 《中华民国刑法》（2024年7月31日修订）第130条：公务员废弛职务酿成灾害者，处三年以上十年以下有期徒刑。
③ 张希坡.革命根据地法律文献选辑：第二辑［M］.北京：中国人民大学出版社，2017：1087-1088.

维埃政府为惩治红军超过《红军纪律暂行条令》所惩戒"擅离职务"范围以外的渎职犯罪行为，于《中国工农红军刑法草案》第11—15条以及第18—21条详细规定了红军无故不就守地或私离守地，不负职责抛弃伤病人员，步哨员无故离开守地或因睡觉、醉酒怠其职务，负责传达命令等信息而不传达，保管军事机密的地图物件不尽职责而丢失，运转武器粮草等军需用品无故不按期达到，看守护送一般犯人及俘虏疏忽放其逃跑等渎职犯罪的处置措施。因军人职责的特殊性，依据《中国工农红军刑法草案》，战时因过失渎职危及军机者最高可处死刑。

新中国成立初期，临时宪法《中国人民政治协商会议共同纲领》规定了惩治渎职犯罪的基本要求：严惩贪污、禁止浪费，设立人民监察机关，对各级国家机关和各种公务人员是否履行其职责进行监督，同时纠查检举其违法失职行为。一些单行条例或其他规范性文件开始依据临时宪法设定涉及负有特定职责者渎职犯罪的条款。在当时的法制环境下，比渎职犯罪更为精确的表述应当是"职务犯罪"。其中，职务是指"工作中所规定担任的事务"，狭义的职务犯罪是国家工作人员的公务犯罪，广义的职务犯罪还包括非国家工作人员在其职务领域所发生的与其职务相关的滥用职权或者玩忽职守等犯罪行为。[1] 如《人民法院组织通则》（1950年）、《中华人民共和国劳动改造条例》（1954年）、《中华人民共和国警察条例》（1957年）等，为规制从事司法活动的工作人员、人民警察等特殊国家机关工作人员的过失渎职违法行为提供了依据；《国务院关于加强企业生产安全工作中的几项规定》（1963年）则对企业生产过程中"违反政策法令和规章制度或工作不负责任而造成事故"的过失渎职行为进行规制，并依照情节严重性予以不同程度的

---

① 周伟，李克非. 刑事法研究新视角 [M]. 北京：中国政法大学出版社，2000：145-148.

14

处分。① 为纠正新中国成立初期的贪腐浪费现象，国家开始重视职务犯罪的治理，对过失类渎职行为的规制在各领域内的规范性文件中都有迹可循。但囿于时代条件，当时针对过失渎职犯罪的政策或单行法规缺乏全面性和针对性，难以满足刑事司法层面治理过失渎职犯罪的适用需求。

党的十一届三中全会之后，我国的法治建设逐步恢复。1979 年颁布的《中华人民共和国刑法》（以下简称"1979 年刑法"）将过失渎职犯罪的治理推向新的阶段。1979 年刑法设第八章渎职罪，用第 185—192 条条文规定了受贿罪，行贿罪，介绍贿赂罪，泄露国家机密罪，玩忽职守罪，徇私枉法罪，虐待被监管人罪，私放罪犯罪，私自开拆、隐匿、毁弃邮件、电报罪等罪名。1979 年刑法未将贪污贿赂罪单设一章，而是将其纳入渎职罪章节；另外，司法工作人员虐待被监管人、邮电工作人员妨害邮电通信的行为在本质上属于国家工作人员侵犯公民人身权利、民主权利的犯罪，亦被归入了渎职罪一章。其中，泄露国家机密罪和玩忽职守罪两个罪名属于过失渎职犯罪，其法定刑最高不超过七年有期徒刑。1979 年刑法仅规定了几个渎职罪名，难以适应改革开放后经济、政治高速发展以及新的渎职行为不断滋生的法治环境。因此，在1979 年刑法实施期间，全国人大常委会补充通过了多部旨在规制国家公职人员失职渎职行为的单行刑法，如《惩治军人违反职责罪暂行条例》（1981）、《关于惩治贪污贿赂罪的补充规定》（1988）、《关于惩治泄露国家秘密犯罪的补充规定》（1988）等。这些单行刑法的内容在1997 年《中华人民共和国刑法》（以下简称《刑法》）颁布后被吸收，并随之失效。②《刑法》将受贿罪、行贿罪、介绍贿赂罪三个贿赂类犯

① 缪树权. 渎职罪疑难问题研究［M］. 北京：中国检察出版社，2006：289-296.
② 张生. 中华人民共和国立法史［M］. 北京：法律出版社，2020：449-451.

罪从渎职罪一章中剥离出来，与其他相关罪名共同组成第八章贪污贿赂罪；将虐待被监管人罪和私自开拆、隐匿、毁弃邮件、电报罪这两个罪名调整至第四章侵犯公民人身权利、民主权利罪。1979 年刑法渎职罪一章中的玩忽职守罪、泄露国家机密罪等罪名经过修改后，在《刑法》第九章渎职罪中得以保留。在过失渎职犯罪方面，鉴于司法实践中出现了新的犯罪行为，玩忽职守罪这一较为笼统并带有口袋罪性质的罪名被分解和细化。例如，环境监管失职罪、传染病防治失职罪等新罪名被析出，并被予以具体的罪状描述和量刑区分。此外，出于过失心态的过失渎职行为与故意渎职行为得到区分，泄露国家秘密罪被拆分为故意泄露国家秘密罪和过失泄露国家秘密罪，私放罪犯罪被拆分为故意犯罪形态的私放在押人员罪和过失犯罪形态的失职致使在押人员脱逃罪。历经多次修正和补充，现行刑法中过失渎职犯罪的罪名数量较 1979 年刑法已大幅增加。

二、过失渎职犯罪的刑法规制范畴界定

在监察体制改革之前，学界以及实务界提及过失渎职犯罪时，唯指《刑法》第九章中规定的渎职罪的过失犯罪形态；而监察体制改革推行后，《中华人民共和国监察法》（以下简称《监察法》）中多次出现了"职务犯罪"一词，用来指代监察机关依法享有调查权的、由国家公职人员在工作中实施的、与其职务相关的犯罪。基于渎职犯罪与职务犯罪概念外观的相似性以及两类犯罪在刑法规制的罪名范围和主体范围上的部分重合，司法实践中渎职犯罪与职务犯罪出现了一定程度的概念混同，这也导致了过失渎职犯罪内涵与外延的模糊性。因此，在监察体制改革的背景下，有必要探明过失渎职犯罪之"职"的意涵，区分过失渎职犯罪与过失职务犯罪，继而厘清过失渎职犯罪的刑法规制范畴。

过失渎职犯罪与过失职务犯罪中的"职"均有两重含义，其一是指职权职责。过失渎职犯罪所属的刑法分则第九章对于渎职犯罪的职权职责有着严格的认定限制。根据 2006 年最高人民检察院出台的《关于渎职侵权犯罪案件立案标准的规定》（以下简称《渎职案件立案标准》）附则第 3 条、2002 年全国人民代表大会常务委员会《关于〈中华人民共和国刑法〉第九章渎职罪主体适用问题的解释》（以下简称《渎职罪主体问题解释》），渎职犯罪的职权职责外延较为狭窄，仅当国家机关公务工作中产生的职权职责被不履行或不当履行时，才构成过失渎职犯罪。所谓国家机关，乃是指各级国家权力机关、行政机关、司法机关、军事机关以及监察体制改革后增设的监察机关，其代表国家所行使的与立法、行政管理、司法审查审判与执行、国家监察、军事管理等事务相关的特定职权，即过失渎职犯罪所限定的职权职责范畴。而过失职务犯罪的职权范畴更为广泛，根据监察法的规定，包括国家机关公务工作产生的职权职责在内的几乎所有的国家公共职权、公共职责都能够纳入职务犯罪之"职"的范畴内。例如，在近几年频发的幼儿园校车安全事故案件中，负有安全监督管理职责的学园教职人员未能定期检查、采取措施改善校车的安全性能，因校车存在装置缺陷而造成搭乘校车的幼儿死亡、受伤，其未妥善履行安全监管职责的行为就是一种职务失职行为。正是由于职务犯罪中职责职权外延的宽泛性，《刑法》第九章渎职罪的罪名远远不能满足对职务犯罪构成要件的描述，过失职务犯罪的罪名遍布刑法分则第二章危害公共安全罪，第三章破坏社会主义市场经济秩序罪，第四章侵犯公民人身权利、民主权利罪，第六章妨害社会管理秩序罪，第七章危害国防利益罪以及第十章军人违反职责罪。

"职"的第二重含义是指职位职务。过失渎职犯罪是一类特殊的，以行为人具备身份构成要件要素作为决定犯罪成立与否、影响刑罚轻重的犯罪——身份犯。① 根据《渎职案件立案标准》附则第 3 条以及《渎职罪主体问题解释》，过失渎职犯罪的身份构成要件要素为国家机关工作人员，即过失渎职犯罪行为主体必须具备国家机关工作人员的职位职务。"国家任务之实现，皆有赖个人之参与实行，因此乃认个人于实现国家任务时，取得与其他非从事国家任务之一般人不同之身份。"② 若无国家机关工作人员的职务身份，行为人便无行使国家机关职权职责的资格，从而或无法实施过失渎职行为，或即使实施了特定的行为也不成立过失渎职犯罪。如《刑法》第 399 条、400 条要求行为人需为司法工作人员，第 407 条为林业主管部门的工作人员，第 408 条为环境保护部门的国家机关工作人员，第 408 条之一为食品药品安全监管部门的国家机关工作人员，第 409 条为传染病防治的政府卫生行政部门的工作人员，第 412 条为国家商检部门、商检机构的工作人员，第 413 条为动植物检疫机关的检疫人员。国家机关工作人员的范畴不仅限于符合在国家权力、行政、监察、司法、军事机关中从事公务这一形式标准的人员群体，即便不具备国家机关工作人员的身份编制，或是在依法规定行使国家行政管理职权的组织、受国家机关委托代表国家行使职权的组织中工作，只要切实行使特定国家机关职权职责的，都应视为国家机关工作人员。因此，过失渎职犯罪行为人身份要素的认定，取决于其对国家机关公务工作中产生之职权职责的实际支配和掌控。过失职务犯罪的行为主体则是所有行使公权力的公职人员，通过监察法第 15 条的列举可知，公职人员的范畴不仅包括国家机关工作人员，还主要包括：（1）国家机关工作人员之外的国家工作人员及参公管理人员；（2）国有公司、

---

① 吴飞飞. 身份犯论：基于犯罪形态视野的考察 ［M］. 北京：中国检察出版社，2014：25.

② 张明伟. 刑法上公务员概念之研究：与美国法制之比较 ［J］. 台北大学法学论丛，2013，85（3）.

企业和事业单位中的管理人员；（3）公办的教育、科学、文化、医疗卫生、体育等单位中从事管理的人员；（4）在基层群众性自治组织中从事管理的人员；（5）在依法被授权或者依法受国家机关委托管理公共事务的组织中从事公务的人员。

从职权职责以及职位职务的外延关系来看，过失渎职犯罪与过失职务犯罪是包容与被包容的关系，过失渎职犯罪是过失职务犯罪的一种。与罪名体系更为庞大、犯罪主体更为多元的过失职务犯罪概念相比，过失渎职犯罪聚焦于监督各级立法、行政、司法、军事等国家机关公权力的运行，督促国家机关工作人员勤勉尽责。因此，在监察体制改革的背景下，本书仍然以过失渎职犯罪为研究对象，即国家机关工作人员在从事国家机关公务过程中过失不履行或不当履行其职权并给国家和人民造成重大损失的犯罪。《刑法》对过失渎职犯罪的规制罪名分别为第397条玩忽职守罪，第398条过失泄露国家秘密罪，第399条执行判决、裁定失职罪，第400条失职致使在押人员脱逃罪，第406条国家机关工作人员签订、履行合同失职被骗罪，第407条违法发放林木采伐许可证罪，第408条环境监管失职罪，第408条之一食品、药品监管渎职罪，第409条传染病防治失职罪，第412条商检失职罪，第413条动植物检疫失职罪以及第419条失职造成珍贵文物损毁、流失罪，共计12个罪名（参见表1-1）。

表1-1 过失渎职犯罪的罪名范畴

刑法分则章节	条款	罪名
第九章渎职罪	第三百九十七条	玩忽职守罪
	第三百九十八条	过失泄露国家秘密罪
	第三百九十九条	执行判决、裁定失职罪
	第四百条	失职致使在押人员脱逃罪

续表

刑法分则章节	条款	罪名
第九章渎职罪	第四百零六条	国家机关工作人员签订、履行合同失职被骗罪
	第四百零七条	违法发放林木采伐许可证罪
	第四百零八条	环境监管失职罪
	第四百零八条之一	食品、药品监管渎职罪
	第四百零九条	传染病防治失职罪
	第四百一十二条	商检失职罪
	第四百一十三条	动植物检疫失职罪
	第四百一十九条	失职造成珍贵文物损毁、流失罪

对过失渎职犯罪进行类型划分，可以从不同角度全面剖析该类犯罪的本质与特点，这是开展下一步详细研究工作的基础。过失渎职犯罪的类型划分需具备实用性，其分类价值不能仅停留在理论研究层面，还应体现实践指导意义，以助于司法实践对过失渎职犯罪进行更加准确的认定和处罚。并且，犯罪的类型划分并非一成不变，而应根据立法及司法环境的变化适时作出相应调整。在兼顾分类实用性与变通性的基础上，过失渎职犯罪可以按照以下不同标准进行类型划分。

（一）纯正过失渎职犯罪和不纯正过失渎职犯罪

按照渎职犯罪的主观罪过形态划分，过失渎职犯罪可以被划分为纯正过失渎职犯罪和不纯正过失渎职犯罪。所谓纯正过失渎职犯罪是指主观罪过只能由过失构成而不能由故意构成的渎职犯罪罪名；相对地，同一渎职犯罪罪名既可能出于过失心态，也可能出于故意心态而成立的，则属于不纯正过失渎职犯罪。① 从刑法法条规定以及司法实践惯例来看，玩忽职守罪，过失泄露国家秘密罪，执行判决、裁定失职罪，失职

① 陈兴良. 纯正的过失犯与不纯正的过失犯：立法比较与学理探究 [J]. 法学家，2015（6）.

致使在押人员逃脱罪，国家机关工作人员签订、履行合同失职被骗罪，环境监管失职罪，传染病防治失职罪，商检失职罪，动植物检疫失职罪以及失职造成珍贵文物损毁、流失罪这十个罪名只有过失这一种罪过形态，属于纯正过失渎职犯罪。对纯正过失渎职犯罪而言，鉴于其罪过形态的唯一性，司法实践中无须甄别责任主体的主观不法类型，只需考察其对于客观注意义务的预见可能性及责任主体本身的行为能力（如结果预见能力等），从而判断其是否在有责性层面具备责任过失即可。不纯正过失渎职犯罪的典型代表为食品、药品监管渎职罪，《刑法》第408条之一为该罪设定了滥用职权与玩忽职守两种情形，即本罪的故意犯罪与过失犯罪共用一个罪名。对食品、药品监管渎职罪这一类不纯正过失渎职行为而言，由于其故意犯罪与过失犯罪共用相同的行为、结果等构成要件，应首先在不法层面辨明其主观不法要素类型，证明责任主体在实施渎职行为时主观上是积极追求或放任结果发生的故意不法，还是违反了结果预见义务的过失不法，继而再分别按照故意犯罪与过失犯罪的不同追责机制进行归责判断。

需要论证的是《刑法》第407条之违法发放林木采伐许可证罪是否属于不纯正过失渎职犯罪。该罪名的立法表述并未使用具有倾向性的罪过指代术语，如指代纯正过失渎职犯罪的"严重不负责任"或指代不纯正过失渎职犯罪的"滥用职权或者玩忽职守"。2021年9月20日生效的《中华人民共和国监察法实施条例》（以下简称《监察法实施条例》）第27条却使用了这样的表述："监察机关依法调查公职人员涉嫌滥用职权犯罪，包括……违法发放林木采伐许可证罪……。"这一表述似乎在形式上将该罪归入了滥用职权罪这类故意渎职犯罪类型范畴。然而，《渎职案件立案标准》第18条对于违法发放林木采伐许可证罪的罪过形式已有定论："林业主管部门工作人员之外的国家机关工作人员违反森林法的规定，滥用职权或者玩忽职守，致使林木被滥伐的……

按照刑法第 397 条的规定以滥用职权罪或者玩忽职守罪追究刑事责任。"这证明该罪的故意犯罪与过失犯罪共用一个罪名，属于不纯正过失渎职犯罪。应当明确的是，《监察法实施条例》第 26—31 条是对监察机关依法调查公职人员职务犯罪罪名的分类列举，不纯正过失渎职犯罪的故意犯罪与过失犯罪共用一个罪名，在该条例中实无必要既将其在故意渎职犯罪即滥用职权型犯罪中列举一次，又于过失渎职犯罪即玩忽职守型犯罪中列举一次。《监察法实施条例》第 27 条同样将食品、药品监管渎职罪这一不纯正过失渎职犯罪归入了滥用职权型故意渎职犯罪，不能单纯以此条例的分类作为确定渎职犯罪罪过形态的唯一性、决定性依据。此外，司法实践中多次出现以过失犯罪定性的违法发放林木采伐许可证罪案件，[①] 这也从侧面佐证了本罪属于不纯正过失渎职犯罪，其主观不法类型必然包括过失不法。

（二）直接侵害型过失渎职犯罪与监管过失型过失渎职犯罪

按照行为人与法益侵害结果之间的关系划分，过失渎职犯罪分为直接侵害型过失渎职犯罪与监管过失型过失渎职犯罪。直接侵害型过失渎职犯罪的法益侵害结果是由行为人自身造成的，而监管过失型过失渎职犯罪的行为人与法益侵害结果之间通常有第三人或特殊事由的介入。直接侵害型过失渎职犯罪，如国家机关工作人员签订、履行合同失职被骗罪，本罪的法益侵害结果"国家利益遭受损失"是签订、履行合同的国家机关工作人员因其严重不负责任的行为而被诈骗所导致的；又如过失泄露国家秘密罪、失职致使在押人员脱逃罪等，法益侵害结果皆是由行为人的渎职行为直接造成的。监管过失型过失渎职犯罪的行为人负有一定的监督管理职责，例如，第 408 条环境监管失职罪的主体负有环境

---

① 乐亭县人民法院（2013）乐刑初字第 190 号刑事判决书；泊头市人民法院（2014）泊刑初字第 196 号刑事判决书；营山县人民法院（2017）川 1322 刑初 121 号刑事判决书。

保护监督管理职责，第 408 条之一食品、药品监管渎职罪的主体负有食品、药品安全监督管理职责等。行为人要履行监管职责，排除导致法益受到侵害的潜在危险，防止第三人实施威胁或侵害法益后果的行为。例如，负有环境监管职责的国家机关工作人员，其自身实施环境污染行为造成环境污染后果时成立污染环境罪而非环境监管失职罪，只有当其未履行监督管理职责导致第三人实施环境污染行为造成环境污染后果时才成立环境监管失职罪。同一个过失渎职罪名下可能既存在直接侵害型行为，也存在监管过失型行为。例如，第 409 条传染病防治失职罪的主体，若其未执行突发传染病疫情等灾害应急处理指挥机构的决定导致疫情加重，则属于直接侵害型过失渎职行为；若其未按照控制突发传染病疫情工作规范的要求开展检查、隔离、防护工作，致使传染病病人、病原携带者扩大了传染范围导致疫情加重，则属于监管过失型渎职行为。

划分直接侵害型过失渎职犯罪与监管过失型过失渎职犯罪的原因在于对两种类型犯罪的因果关系判断方式不同。直接侵害型过失渎职犯罪的行为人和法益侵害后果之间的因果关系简单清楚，较容易进行归因与归责；但监管过失型过失渎职犯罪的因果链条中介入了第三人或其他特殊事由，较之直接以自身行为导致渎职结果发生的直接侵害型主体，负有监管职责的主体往往远离渎职结果的发生现场，例如，在河南郑州"7·20"特大暴雨灾害事件中始终缺位防汛一线的政府主管部门领导，其对法益侵害结果的预见程度、预见可能性以及与法益侵害结果之间的因果力均被大幅度削弱，故监管过失型过失渎职犯罪的归因与主客归责判断相对困难，容易导致在事实因果关系判断不明确的情况下强行为了归责而归责的情况，故需格外关注对监管过失型过失渎职犯罪的因果关系、结果责任的客观归属以及责任过失成立情况的判断。

（三）监察机关管辖的过失渎职犯罪和检察机关管辖的过失渎职犯罪

按照渎职犯罪案件的管辖权限划分，可分为监察机关管辖的过失渎职犯罪和检察机关管辖的过失渎职犯罪。监察委员会是新设立的职务违法与职务犯罪调查机关，对绝大多数的渎职犯罪案件享有监察调查的权限。2018年修订后的《中华人民共和国刑事诉讼法》（以下简称《刑事诉讼法》）第19条规定，司法工作人员利用职权实施的非法拘禁、刑讯逼供、非法搜查等侵犯公民权利、损害司法公正的犯罪，可以由人民检察院立案侦查。这表明检察机关对于部分司法工作人员的渎职犯罪案件拥有管辖权。为厘清检察机关与监察委员会的管辖权界限，2018年最高人民检察院出台了《关于人民检察院立案侦查司法工作人员相关职务犯罪案件若干问题的规定》，明确检察机关可以对司法工作人员在司法活动中利用职权实施的十四种渎职犯罪①进行立案侦查，因此，检察机关直接享有管辖权的过失渎职犯罪为玩忽职守罪，执行判决、裁定失职罪、失职致使在押人员脱逃罪三个罪名。

　　需要注意的是，《关于人民检察院立案侦查司法工作人员相关职务犯罪案件若干问题的规定》使用了检察机关"可以"进行立案侦查的表述，意味着这三种过失渎职犯罪案件原则上是由检察机关管辖，但检察机关对这三种过失渎职犯罪的管辖并不具有排他性，监察委员会"依然拥有调查这类犯罪的权力，只是从便宜角度将这类犯罪交给检察院管辖"②。监察委员会的设立及其与党的纪律检查委员会合署办公使纪检监察机关成为"党、政、法"三位一体的机构，③由于检察机关、监察机关、党的纪律检查机关对过失渎职犯罪案件均有管辖权，过失渎

---

① 人民检察院可以对司法工作人员利用职权实施的非法拘禁罪（238条），非法搜查罪（245条），刑讯逼供罪（247条），暴力取证罪（247条），虐待被监管人罪（248条），滥用职权罪（397条），玩忽职守罪（397条），徇私枉法罪（399条），民事、行政枉法裁判罪（399条），执行判决、裁定失职罪（399条），执行判决、裁定滥用职权罪（399条），私放在押人员罪（400条），失职致使在押人员脱逃罪（400条），徇私舞弊减刑、假释、暂予监外执行罪（401条）进行立案侦查。
② 叶青，王小光.监察委员会案件管辖模式研究［J］.北方法学，2019，13（4）.
③ 龙宗智.监察体制改革中的职务犯罪调查制度完善［J］.政治与法律，2018（1）.

职案件可以分别通过司法立案、监察立案、纪检立案的途径开启案件的侦查、调查或审查，应遵循"谁先发现谁先办、涉及的下家接着办"①的原则来确定过失渎职犯罪案件的管辖分配问题。

第二节　过失渎职犯罪复合法益的内容剖析与争议回应

法益是前置于实体法的概念，必先有法益的存在，才有实体法为保护法益而设定的各种规范。就刑法分则而言，各罪名的设定均是为了保护特定的法益——法益是某个罪刑条文的目的。② 立法者在拟定罪刑条文之前，必须先确定该条文要保护的法益是什么，继而通过设置诸构成要件来传达"禁止通过某种行为使法益受某种侵害"的刑法规范。例如，记叙过失渎职犯罪"法益如何受到侵害"的是构成要件中的行为要件要素；将过失渎职犯罪"法益受到某种侵害"具体化为客观事实的，是构成要件中的结果要件要素；构成要件中的身份要件要素也是法益对行为主体的身份限定。过失渎职犯罪作为一种真正身份犯，在于责任主体因具备国家机关工作人员的特殊身份才能侵害特定法益，继而成立犯罪。过失渎职犯罪违法性、有责性的认定乃至责任体系的构建无一不以法益为基础，可以说，法益贯穿过失渎职犯罪研究的始终。

一、法益二元论立场下过失渎职犯罪复合法益的内容剖析

在近代市民社会与国家二分的架构之上，各国刑法理论普遍将法益

---

① 郝铁川．依法治国和依规治党中若干重大关系问题之我见［J］．华东政法大学学报，2020，23（5）.

② ［德］金德霍伊泽尔，陈璇．法益保护与规范效力的保障：论刑法的目的［J］．陈璇，译．中外法学，2015，27（2）.

划分为个人法益和超个人法益。我国也有教科书采取个人法益、社会法益和国家法益的三分法，① 其中社会法益和国家法益属于超个人法益。对于个人法益与超个人法益之间的关系，法益一元观和法益二元观有着不同的认识：法益一元观以个人法益为基点，超个人法益是依附于个人法益而存在的个人法益的集合体，两者之间是量的区别，且超个人法益均可以被还原为个人法益；② 法益二元观则承认超个人法益的独立性，认为超个人法益与个人法益之间有着质的区别，③ 像污染环境罪，失职造成珍贵文物损毁、流失罪等罪名所保护的超个人法益就很难被还原为个人法益。有论者提出，破坏环境、危害动植物、违反国家安全规则或金融秩序等犯罪的保护法益虽然距离个人法益还有一段距离，但本质上仍属于为维护个人良善的生活环境而塑造的规范机制，归根结底没有脱离法益一元论的范畴。④ 这种论证思路毋宁是将超个人法益视作个人法益的前置性法益，并认定犯罪行为会通过侵害超个人法益进而对个人法益造成侵害或威胁。但事实上，超个人法益受到侵害后，个人法益未必会遭到实害或者面临风险。以偷越国（边）境罪为例，最高人民法院、最高人民检察院《关于办理妨害国（边）境管理刑事案件应用法律若干问题的解释》第 5 条规定，3 人以上结伙偷越国（边）境的应当认定为"情节严重"，成立刑法第 322 条之偷越国（边）境罪。假设有某国公民 3 人以上结伙偷越入我国国（边）境后，但入境后并未实施毒品犯罪、极端暴力犯罪等，也未有非法劳动等行为，则该偷渡行为单纯侵害了超个人法益，而未对个人法益造成任何实质性侵害或威胁。超个人法益既非个人法益的集合，也非个人法益的前置性法益，法益二元论肯

① 刘艳红. 刑法学各论 [M]. 北京：北京大学出版社，2006：2.
② 黎宏. 日本刑法精义 [M]. 北京：中国检察出版社，2004：28.
③ 舒洪水，张晶. 近现代法益理论的发展及其功能化解读 [J]. 中国刑事法杂志，2010（9）.
④ 黄国瑞. 法益论之解构 [J]. 辅仁法学，2012（48）.

定超个人法益具有独立刑法保护价值的立场更为合理。

在法益二元论的语境下，过失渎职犯罪的法益与渎职犯罪的法益是一致的，通常认为是职务行为的正当性和社会对国家行政、司法权力行使公正的信赖感，以及公民个人的人身权利或财产权利。① 还有观点认为是职务行为的公正性与公共利益或个人利益。② 上述观点均认可过失渎职犯罪的保护法益是同时包含超个人法益与个人法益的复合法益，也都认可过失渎职犯罪的基础性保护法益为国家机关工作人员职务行为的公正性、正当性或曰规范性，争论之处主要在于过失渎职犯罪保护法益中的"利益"是仅指公民个人利益，抑或在公民个人利益之外还包括其他公共利益。过失渎职犯罪的保护法益既有公民个人利益，还包括国家利益、社会利益等公共利益。法益是罪刑条文背后隐含的保护利益而非直接由法条明文规定，类罪保护的同类法益或各罪保护的具体法益可以借由法条中已规定的包括法益侵害结果在内的各构成要件来推定。例如，玩忽职守罪的成立需玩忽职守行为造成公共财产、国家和人民利益的重大损失，"人民利益"确实有着个人利益的部分，而公共财产、国家利益却不适宜划归至个人利益层面。再如《刑法》第 407 条规定的结果要件为"森林遭到严重破坏"；第 419 条的结果要件为"珍贵文物损毁或者流失"，分别体现了对自然资源以及文物的保护。《中华人民共和国宪法》（以下简称《宪法》）、《中华人民共和国森林法》（以下简称《森林法》）、《中华人民共和国文物保护法》（以下简称《文物保护法》）明确规定森林资源和文物属于国家所有，故这两种法益应当为国家法益。第 409 条规定的结果要件为"传染病传播或流行"，其保护法益为公共卫生健康，属于社会法益。无论是国家法益还是社会法

---

① 周光权. 刑法各论［M］. 北京：中国人民大学出版社，2016：496.
② 劳东燕. 滥用职权罪客观要件的教义学解读：兼论故意·过失的混合犯罪类型［J］. 法律科学（西北政法大学学报），2019，37（4）.

益都具备公共性和超个人属性，具体化为现实利益时也应当体现为公共利益，故过失渎职犯罪保护法益中的"利益"是公共利益和个人利益的集合。

综上所述，法益二元论下过失渎职犯罪的保护法益为复合法益，其基础性法益为国家机关工作人员职务行为的规范性，除此之外，还包括国家机关工作人员规范履行职务行为所保障的公共利益或个人利益。

二、制度性法益与国民信赖感不属于过失渎职犯罪的法益

过失渎职犯罪复合法益之基础性法益为国家机关工作人员职务行为的规范性。在此需要强调的是，职务行为的规范性以及承载职务行为内容的制度规范是两个不同的概念，且承载职务行为内容的制度规范不属于过失渎职犯罪的法益。

法益是形而上的观念世界的存在，而犯罪则是人的行为，是具体的现实世界的存在。犯罪与法益本处于不同场域，犯罪行为无法"侵害"法益，法益必须依附、借助于现实世界中的媒介来与犯罪行为处于同一场域，如财产所有权于客观世界里的载体是公私财产，人身权利的载体是人。"法益指涉的是具有价值而值得保护的现实事态或具体状态，这些事态或状态，由于其现实性，具有借由感官可接收的方式产生变动的可能。"[1] 犯罪行为造成法益侵害结果的因果变化过程是客观的、可以为人所察觉感受的事实状态的改变，即法益受到"侵害"实为法益受到"观念上的侵害"，发生在现实世界中的法益"侵害"是指法益的现实载体状态被犯罪行为改变了，[2] 如公私财产由完好状态变为毁坏状态、人由生至死。职务行为的规范性这一抽象法益在客观世界的载体是

---

① 转引自周漾沂. 从实质法概念重新定义法益：以法主体性论述为基础 [J]. 台大法学论丛，2012，41（3）.

② 黄国瑞. 法益论之解构 [J]. 辅仁法学，2012（48）.

行政法规范、党内法规等为规范国家机关工作人员职务行为所设立的各种制度规范。有观点认为，"制度"作为其他法律与刑法共同构建的秩序规则，如廉洁制度、食品监管制度等，承载着公民的个人法益，关切到公共福祉、国家安全、社会稳定，刑法保护各种制度不受破坏，因而得以成为一种"制度性法益"①。

本书对于制度规范能够成为过失渎职犯罪的法益的观点持反对态度。若认可制度规范也是一种法益，那么制度规范就应当符合法益"能够受到现实侵害"的特征。然而，制度规范并不能被现实地破坏，只能被观念性地侵害。事实上，过失渎职行为可以直接"违反"制度，这说明过失渎职行为与制度是同处于现实世界场域的，过失渎职行为现实性地违反设定职务行为要求的制度，继而观念性地破坏职务行为的规范性。法益是行为人的行动秩序及行为要素集合之反映，规范则是行为人行动秩序的模式之映射，② 即法益是制度规范的保护目的，制度规范是法益的载体以及保护手段。过失渎职犯罪的立法目的是促使国家机关工作人员规范履行职务行为，因此，过失渎职犯罪的法益是职务行为的规范性，各种阐明职务行为的制度规范仅仅是表明职务行为规范性的载体，而不是过失渎职犯罪的法益。

有学者曾认为过失渎职犯罪的复合法益为国家机关公务活动的合法、公正、有效执行以及国民对此的信赖。③ "国家机关公务活动的合法、公正、有效执行"与国家机关工作人员职务行为的规范性并无二致，但国民的信赖感是否属于过失渎职犯罪的保护法益还需要讨论。本书同样否定国民的信赖感能够成为过失渎职犯罪的保护法益。基于刑法

---

① 姜涛. 受贿罪保护法益新说［J］. 江苏行政学院学报，2020（1）.
② 刘远. 法益与行为规范的关系：从静态到动态的刑法学诠释［J］. 法治研究，2017（2）.
③ 张明楷. 刑法学［M］. 北京：法律出版社，2016：1087.

的效力，每个罪名所保护的法益，国民对于该法益不受侵害这一应然状态都具备天然的信赖感。例如，侵犯个人财产犯罪的保护法益是个人财产权利，国民对个人财产权利这一法益不受侵害具备信赖；侵犯人身权利犯罪的保护法益是人的生命健康，国民对自身的生命健康不受侵犯具备信赖。但"信赖"这种感受本身并不是法益，而是对刑法能够发挥法益保护机能的预期。这与过失渎职犯罪的基础性法益是国家机关工作人员职务行为的规范性，但国民对国家机关工作人员规范履行职务行为的信赖感并不能成为过失渎职犯罪保护法益的内容是相同的道理。该学者的最新著述已修正了上述观点，① 将国民信赖感从过失渎职犯罪复合法益的内容中排除了出去。

第三节　过失渎职犯罪的行政犯属性识别与行刑边界厘定

一、过失渎职犯罪的行政犯属性特征之双重违法性识别

自罗马法时代起，违法行为即被区分为侵害伦理道德、善良风俗的自体恶（mala in se）和破坏社会管理秩序规范的禁止恶（mala prohibita），这种二分范式被认为是现代刑法理论中刑事犯与行政犯分类萌芽的体现。② 19 世纪，意大利刑事人类学派刑法学家巴伦·拉斐尔·加罗法洛（Baron Raffaele Gorofalo）从犯罪学的角度首次提出了自然犯与法定犯的界分必要性及区分方式。加罗法洛将自然犯定义为"伤害怜悯和正直这两种基本利他情感"的犯罪，把冲击普遍人类感情的自然犯

---

① 张明楷. 刑法学［M］. 北京：法律出版社，2021：1629.
② 黄明儒. 论行政犯与刑事犯的区分对刑事立法的影响［J］. 刑法论丛，2008，13（1）.

罪剥离出来之后，其他"纯粹违反法律而公共政策认为有必要以严格措施加以遏制的行为"① 则属于法定犯。德国法学家费尔巴哈承继了自然犯与法定犯的区分范式，并将该范式逐渐演变为刑事犯与警察犯。刑事犯即加罗法洛所定义的自然犯，其侧重于伦理秩序的侵害性；而警察犯则是18世纪德国警察权力扩张后，警察官厅出于社会管理的目的自行行使刑罚权所惩治的行政违法行为。② 进入20世纪，随着行政管理范围的进一步扩大以及行政管理职能的深化，德国制定了大量的行政法规，违反行政法的行为也大量出现。被称为"行政刑法之父"的德国法学家郭特希密特（J. Goldsehmidt）在警察犯的概念基础上进一步发展出了行政犯概念，并衍生出与司法刑法对应的行政刑法，从而正式确立了刑事犯与行政犯的区别范式：行政犯表现为行政违反或行政规范违反，侵犯的仅仅是公共秩序而没有造成现实损害，且该种公共秩序并非法益。总体而言，行政犯破坏的是法条的"执行"而非法条的"意思表示"。③ 现在，大陆法系大多把自然犯和刑事犯作相同理解，把法定犯和行政犯作同一认识，两组概念可交叉对应使用。

在刑事犯与行政犯区分的早期，大陆法系国家所认知的行政犯包括应判处行政处罚的行政不法行为和应判处刑罚的行政犯罪行为。这些国家的刑事立法大多采取"立法定性"模式，对犯罪的认定"只存在着定性因素而不包含数量大小和情节轻重等定量因素"④，故具有轻微社会危害性的违法行为也被归入犯罪的范畴。后来，伴随行政违法和刑事

---

① 加罗法洛. 犯罪学 [M]. 耿伟，王新，译. 北京：中国大百科全书出版社，1996：66.
② 姜涛. 行政犯与二元化犯罪模式 [J]. 中国刑事法杂志，2010 (12).
③ 陈金林. 法定犯与行政犯的源流、体系地位与行刑界分 [J]. 中国刑事法杂志，2018 (5).
④ 周佑勇，刘艳红. 行政刑法性质的科学定位（上）：从行政法与刑法的双重视野考察 [J]. 法学评论，2002 (2).

犯罪概念之间界限的逐渐明晰，行政不法行为被分解到行政违法或轻罪行列，行政犯的概念逐渐演化为"因违反了行政法义务而被处以刑罚的犯罪行为"①。纵观行政犯理论流变的历史，加罗法洛时代区分自然犯和法定犯的要点是辨别两者与伦理道德之间的关系。②现代刑法理论则淡化了犯罪概念中的道德要素成分，认为刑事犯是指无需法律规范的规定而自身就具有罪恶性的犯罪；行政犯是本身不具有罪恶性，只是因为出于某一时期刑事政策的需要，刑法暂时将某些违反行政规范、造成法益侵害的行为规定为犯罪。③由此也可以看出，行政犯的鲜明特点是同时违反作为前置性行为规范的行政法以及作为后置性制裁规范的刑法，具有行政违法与刑事违法的双重违法性。这种双重违法性也使得行政犯的成立需同时满足以下两个前提条件：第一，行政法规范规定了行为人需遵循的行为准则、应履行的义务以及需承担的法律责任；第二，刑法将违反特定行政规范的行为规定为犯罪，即刑法明确将该行政违法行为确立为犯罪构成要件事实。

我国的行政犯包括两类，一类是一般公民妨碍行政管理活动中的行政犯罪，即行政相对人违反行政法规范的犯罪行为；另一类是国家公职人员在行政管理活动中的行政犯罪，即行政主体实施的违反行政法规范的犯罪行为，④过失渎职犯罪即属于国家公职人员在行政管理活动中的行政犯罪，其符合行政犯的所有构成要素和属性特征。《刑法》分则第九章中的12个过失渎职犯罪行为主体本应当履行的职务行为，皆由作为前置法的行政法律规范加以详细的规定，刑法将行为人过失违反行政

①　姜涛．行政犯与二元化犯罪模式［J］．中国刑事法杂志，2010（12）．
②　张文，杜宇．自然犯，法定犯分类的理论反思：以正当性为基点的展开［J］．法学评论，2002（6）．
③　魏昌东．行刑鸿沟：实然，根据与坚守——兼及我国行政犯理论争议问题及其解决路径［J］．中国刑事法杂志，2018（5）．
④　简爱．我国行政犯定罪模式之反思［J］．政治与法律，2018（11）．

法的规定、未履行或不正确履行其法定职责的行为规定为犯罪。前置行政法规范中通常都明确了具体的一般渎职违法行为可能成立渎职犯罪的场合，例如《中华人民共和国监狱法》（以下简称《监狱法》）第14条第2款规定监狱人民警察玩忽职守造成罪犯脱逃构成犯罪的应依法追究刑事责任，这就将过失致使依法可能判处或者已经判处10年以上有期徒刑等刑期的罪犯脱逃的渎职行为具体指向了刑法第400条失职致使在押人员脱逃罪。但刑法分则第九章中的特殊过失渎职犯罪构成要件无法包含实践中所有可能出现的渎职行为，超出特殊过失渎职犯罪罪名范围的过失渎职行为以玩忽职守罪这一兜底罪名定罪论处。如《中华人民共和国人口与计划生育法》第43条第2款规定，国家机关工作人员在计划生育工作中有玩忽职守行为构成犯罪的应依法追究刑事责任，违反该法为卫生健康主管部门等行政机关设置的基准职务行为不构成任何一个特殊过失渎职犯罪罪名，只能成立玩忽职守罪。行政犯属性决定了同一过失渎职行为既可能构成过失渎职行政违法，也可能成立过失渎职刑事犯罪，因此必须厘清过失渎职行政违法与刑事犯罪之间的界限。

二、过失渎职行政违法与过失渎职刑事犯罪的行刑边界厘定

我国对犯罪的认定采取既定性又定量的立法模式，[1] 在此立法特征下，我国形成了特殊的行政法与刑法二元制裁体系。从理论角度而言，与采取立法定性模式的大陆法系国家不同，我国法治语境下的行政违法与刑事犯罪不仅有着"罪量"的不同，更有着行政不法与刑事不法的质的差异。[2] 行政犯仅指行政犯罪而不包括违法性程度较低的行政违法，行政违法行为越过"临界点"转化为行政犯罪，这一"临界点"

---

① 聂慧苹.禁止重复评价之刑法展开与贯彻 [J].中国刑事法杂志，2015（3）.
② 前田雅英.刑法总论讲义 [M].曾文科，译.北京：北京大学出版社，2017：21.

实质上就是对犯罪构成要件符合性的判断。"立法定性+定量"的模式决定了我国刑法中的犯罪构成要件是"质"与"量"的统一。构成要件的"质"是刑法对违法类型的选择，刑法将危害程度严重的行政违法行为类型选取出来予以固定，形成该行政犯罪的构成要件。① 因此，既违反前置法又符合刑法分则第九章关于过失渎职犯罪构成要素的过失渎职行为，即具备双重违法性的过失渎职违法行为，才需进行犯罪量的第二重审查筛选。

　　犯罪量即"违法性程度"，判断行为违法性是否达到了值得科处刑罚的程度，司法实践中一般是看行为造成的侵害或威胁是否已达到了成立具体罪名所要求的刑事立案标准。过失渎职犯罪的立案标准可参见《渎职案件立案标准》，通常以过失渎职行为是否造成确定数额的财产损失、具体程度的人身伤亡情况或造成一定社会影响，作为衡量其是否成立刑事犯罪的标准。值得注意的是，违法性程度的判断同样属于构成要件符合性的判断，在过失渎职行为没有达到违法性程度"量"的要求时，违法行为不符合构成要件，而非符合构成要件但法益侵害（绝对、相对）轻微。② 行政违法向行政犯罪的转移是违法性量变累积至质变的过程，但过失渎职违法并不必然转化为过失渎职犯罪，只有同时具备前置法与刑法双重违法性的过失渎职行为违法性程度达到值得科处刑罚的程度时，过失渎职行为才能够被评价为成立过失渎职犯罪。若未达到《渎职案件立案标准》的数额、情节以及社会影响等要求，即使过失渎职行为具备双重违法性也只能成为一般过失渎职违法行为而不能成立过失渎职犯罪。

———————————

① 田宏杰. 行政犯的法律属性及其责任：兼及定罪机制的重构 [J]. 法学家，2013（3）.

② 马春晓. 区分行政违法与犯罪的新视角：基于构成要件之质的区别说 [J]. 中国刑事法杂志，2020（1）.

从实践层面来看，对造成了具体法益侵害结果的过失渎职行为而言，由于《渎职案件立案标准》详细规定了其成立犯罪必须达到的罪量要素，过失渎职行为究竟属于一般行政违法或是刑事犯罪较为容易判断。然而对制造了法益侵害危险尤其是抽象危险的过失渎职行为而言，由于在构成要件中缺少罪量的约束，故该行为一旦符合了空白罪状，就容易越过一般渎职违法的判断而被直接评价为过失渎职犯罪。基于行政犯的双重违法性特征，行政违法行为与行政犯罪行为具有递进包容的关系，两种行为类型在行为构造上必然具有极高的一致性。例如，《中华人民共和国保守国家秘密法》（以下简称《保守国家秘密法》）第 48 条列举了 12 种泄露国家秘密的违法行为，并规定这 12 种行为"构成犯罪"的当依法追究刑事责任，过失泄露国家秘密的违法行为均存在向过失泄露国家秘密罪转化的可能性。然而，过失泄露国家秘密罪存在抽象危险犯的形态，依据《渎职案件立案标准》的规定，国家机关工作人员遗失国家秘密载体而隐瞒不报、不如实汇报或不采取补救措施的，成立过失泄露国家秘密罪。遗失国家秘密载体的行为违反了《保守国家秘密法》第 48 条第 8 款的规定，同时符合《刑法》第 398 条"违反保守国家秘密法"的罪状描述，而该罪的立案标准使得遗失国家秘密载体这种过失渎职行政违法行为一经实施即有成立过失泄露国家秘密罪的可能性，证实了过失渎职行为的认定存在"只要具备行政不法行为即被认定为犯罪"[①] 的风险。

为避免制造了法益侵害危险的过失渎职行为被直接认定为抽象危险犯，必须严格遵循罪刑法定原则对过失渎职犯罪的构成要件进行实质解释。在具体案件中宜从以下方面把握过失渎职一般违法与过失渎职犯罪

---

① 于冲. 行政违法、刑事违法的二元划分与一元认定：基于空白罪状要素构成要件化的思考 [J]. 政法论坛, 2019, 37（5）.

之间的界限：首先，应结合案情判断渎职行为是否足以造成法益侵害危险。若过失渎职行为仅具备违反前置法和刑法的双重违法性，但并未造成现实的法益侵害结果，事后查明该行为也不具备导致法益侵害结果发生的高度盖然性，则应考虑将其认定为一般渎职违法而非渎职犯罪。其次，可通过行为人的主观过错辅助判断渎职行为性质。行政违法领域对行为主体的主观归责采取的是违法原则，只要行政主体的职务行为违反相关行政法规范的规定、成立行政违法就应当承担行政责任，而不问其是否有主观过错；但刑法领域对行为主体的主观归责应当坚持过错原则，如果行为人主观上没有故意或过失则不能追究其刑事责任。① 若不能证明行为人对法益侵害危险的制造具有主观过失心态，即应否定其主观不法，继而排除其成立过失渎职犯罪的可能性。最后，对于制造了抽象法益侵害危险但不符合特殊过失渎职犯罪构成要件的过失渎职行为，不得适用玩忽职守罪这一兜底罪名。例如，《中华人民共和国个人信息保护法》（以下简称《个人信息保护法》）第 64 条规定，履行个人信息保护职责的部门发现个人信息处理活动中存在较大的信息安全风险时可采取相应手段约谈负责人或要求进行合规审计，若该部门工作人员严重不负责任，未采取措施防止个人信息安全风险的进一步扩大，也不能依据《个人信息保护法》第 68 条及第 71 条规定直接认定其玩忽职守行为构成玩忽职守罪。申言之，过失渎职行为不符合特殊过失渎职犯罪构成要件的，仅当其造成了现实法益侵害结果时才成立玩忽职守罪。

---

① 欧阳本祺. 论行政犯违法判断的独立性［J］. 行政法学研究，2019（4）.

第二章

过失渎职犯罪的行为要件：规范构造与 基准行为来源

法谚有云："无行为则无犯罪亦无刑罚。"行为是犯罪的实体，是构建犯罪构成体系的基础，"除非刑罚的施加是因为一个行为，否则行为对刑事责任而言就不是必要的、多余的和没有意义的"[①]。过失渎职行为是过失渎职犯罪的研究起点，也是贯穿过失渎职犯罪研究的主线。

大陆法系刑法学中的"行为"有着三重不同概念：作为犯罪根基的行为、作为构成要件的行为和作为违法的行为。[②] 作为犯罪根基的行为是"行为主体控制或应该控制的客观条件作用于一定人或物的存在状态并使之发生变化的客观事实"[③]，带有鲜明的自然主义色彩，被称作纯粹的行为或者裸的行为，并非都具有刑法意义。有学者认为"刑法中的行为归根到底是合乎构成要件的行为"，"与构成要件的评价无关的行为在刑法中是完全没有意义的"。[④] 违法行为是符合《刑法》分则条文规定的各项犯罪构成要件的行为，具备构成要件符合性、违法性和有责性，是对行为人主客观方面的统一评价，实际上是判断犯罪成立

[①] [美] 胡萨克. 刑法哲学 [M]. 姜敏，译. 北京：中国法制出版社，2015：19.

[②] 陈兴良. 行为论的正本清源：一个学术史的考察 [J]. 中国法学，2009 (5).

[③] 陈忠林，徐文转. 犯罪客观要件中"行为"的实质及认定 [J]. 现代法学，2013，35 (5).

[④] [日] 小野清一郎. 犯罪构成要件理论 [M]. 曹子丹，樊凤林，译. 北京：中国人民公安大学出版社，1991：47.

与否的终点，即"犯罪"本身。

因此，本书对于作为犯罪根基的纯粹行为以及作为犯罪的违法行为不做过多探讨，重点关注构成要件意义上的过失渎职行为。本章将梳理过失行为不法本质的理论演变，并引入允许的风险理论对过失渎职犯罪行为不法的内核进行新的诠释；分析我国《刑法》分则规定的过失渎职犯罪构成要件行为之形式结构，明确过失渎职行为的外观构造；梳理过失渎职犯罪职务基准行为的来源，论证行政法规范以及党内法规制度作为过失渎职犯罪基准职务来源的合理性。

第一节　过失渎职犯罪行为不法中风险要素的引入

行为不法（Handlungsunwert）① 是犯罪实质违法性的判断根据之一，是在行为与法律规范发生价值判断上的对立冲突时对行为方式本身所作的否定性评价。② 在"客观不法—主观责任"二分的古典派犯罪论体系中，受因果行为论的影响，过失行为与故意行为的身体动静被认为并无区别，过失犯罪与故意犯罪在构成要件与违法性的不法层面也无二致。对此，目的行为论批判称，违法性的对象并非纯粹的外部因果过程，而是由客观和主观要素组成的整个行为，主观不法应融入违法性之中；过失犯罪的责任基础是目标性观念引导和操控的过失行为，过失犯

---

① 行为不法又译作行为无价值，两者的内涵实际上是完全等同的。德国与我国台湾地区的学者多用行为不法的译法，而日本及我国大陆地区学者更多采用行为无价值的译法。本书在选择违法性实质立场时采取行为无价值的译法，与结果无价值相对应；在犯罪构成理论中表征与责任阶层相对之构成要件符合性阶层与违法性阶层并称的不法阶层意义上使用行为不法的译法，与结果不法、主观不法等概念相对应。

② 陈璇. 德国刑法学中结果无价值与行为无价值的流变、现状与趋势［J］. 中外法学，2011，23（2）.

不法的评价重心应转向行为不法。① 目的行为论对行为之目的性的强调，让过失行为与故意行为的目的性差异得以呈现，故意与过失被纳入构成要件阶层，成为主观不法要素，故意犯罪与过失犯罪在构成要件符合性阶段便能区分开来，行为不法也由此成为过失犯罪中起决定性作用的客观不法要素。② 过失犯属性为过失渎职犯罪打上了深刻的行为不法烙印，而行政犯属性决定了过失渎职犯罪的行为不法必然具备不同于普通过失犯的特殊性。因此，有必要明确过失犯行为不法的本质，并在此基础上进一步对过失渎职犯罪行为不法作出特殊判断。

一、过失渎职犯罪行为不法的形式表征：违反结果避免义务

传统大陆法系刑法理论一贯将客观注意义务的违反，作为过失犯行为不法的核心。刑法为行为人所设置的行为规范，可理解为"禁止引起某种法益侵害"。这种行为规范对于故意犯而言是有效的，因为故意犯的主观目的包含了追求、实现"引起法益侵害"的违法后果，③ "禁止实施引起法益侵害后果的行为"之刑法禁令可以直接成为故意犯的行为指引；而过失犯往往欠缺法益侵害的意思，亦不追求法益侵害后果的发生，"引起法益侵害"在过失犯的行为过程中并不发挥任何目的导

---

① ［德］拉伦茨. 德国民法通论［M］. 王晓晔，邵建东，程建英，等译. 北京：法律出版社，2003：11-15.

② 目的行为论并未否定过失犯罪的结果不法（Erfolgsunwert）。韦尔策尔（Welzel）论述道，多数的过失犯罪被设计为结果犯。在过失结果犯的场合，结果不法是一个新的、附加的要素，并不必然包含在行为不法之内。过失行为本身是不适当的，这一点不取决于其是否引起了一个不好的结果，行为不法既不会因为结果不法的出现而升高，也不会因为结果不法未出现而减损。因此，行为不法具有独立于结果不法的道德内涵，过失犯罪的违法性本质应当是行为不法。参见［德］韦尔策尔. 目的行为论导论：刑法理论的新图景［M］. 陈璇，译. 北京：中国人民大学出版社，2015：48.

③ ［德］韦尔策尔. 目的行为论导论：刑法理论的新图景［M］. 陈璇，译. 北京：中国人民大学出版社，2015：51.

向或激励作用，相对地，"禁止引起法益侵害"自然也无法在过失行为的过程中直接为过失犯提供具有方向性的规范性行为指引。① 因此，要使过失犯的行为规范要求与行为人的行为之间发生联结，必须引入"义务"这个范畴。"义务"表示行为人接受行为规范为其设置的当为约束，其所要回答的问题是，行为人应在何种程度上将其能力服务于规范目的的实现。② 在引入义务概念后，过失犯的行为结构变成了"行为规范—义务—行为人"，过失被定义为"行为人若接受行为规范的约束，尽到行为规范所要求的注意和谨慎，本来可以预见和避免其行为所造成的违法后果"③。这样一来，"禁止引起某种法益侵害"的行为规范为行为人设置了"发挥自身的能力谨慎行为以避免法益侵害"的义务，行为人有能力而不注意、不谨慎行为，则成立对过失犯义务的违反。

恩吉施（Engisch）最早使用"欠缺注意"（manggelnde Sorgfalt）来阐释行为人对过失犯义务的违反。"注意"是行为人用以避免构成要件实现的手段，行为人的注意义务包括认识、预见危险的认识义务和采取必要措施避免风险实现的行为义务，恩吉施分别以内在注意（inners Sorgfalt）和外在注意（äußere Sorgfalt）来指代。④ 这一划分基本确定了注意义务的研究框架，此后在论及过失行为时，结果的可预见性（内在注意）和结果的可避免性（外在注意）常常被并列提及。耶塞克（Jescheck）和魏根特（Weigend）区分了内在注意和外在注意的不同属性，认为结果的可预见性为过失犯结果不法的部分，结果的可避免性为

---

① ［日］高桥则夫. 刑法总论［M］. 李世阳，译. 北京：中国政法大学出版社，2020：66.

② ［德］金德霍伊泽尔. 容许的风险与注意义务违反性：论刑法上过失责任的构造. 陈毅坚，译［M］//江溯. 刑事法评论：刑法的科技化. 北京：北京大学出版社，2020：237.

③ 韦尔策尔. 目的行为论导论：刑法理论的新图景［M］. 陈璇，译. 北京：中国人民大学出版社，2015：51.

④ 转引自许玉秀. 当代刑法思潮［M］. 北京：中国民主法制出版社，2005：342-343.

行为不法的部分，① 这就将过失犯行为不法的核心限缩至注意义务中的谨慎避免义务。在日本，除旧过失论采取结果不法的立场外，新过失论、新新过失论以及后期修正的旧过失论均认可过失犯的客观责任基础为行为不法。新过失论认为，所有引起结果的行为若均作为违法来处理将会阻碍社会发展，只有僭越生活准则的不当行为才能认定为违法，因此，过失行为不法的核心在于实施了违反作为社会生活行为准则的结果避免义务的不当行为。② 由于社会生活的行为准则是客观的，结果避免义务也被称作客观注意义务，它与以行为人主观预见可能性为前提的、作为主观注意义务的结果预见义务相对应。③ 在新过失论这里，过失行为不法的核心正式被限定为违反注意义务中的客观义务——结果避免义务。新新过失论以及修正的旧过失论在认可"结果避免义务的违反为过失行为不法核心"这一基本观点上，与新过失论是一致的。

二、过失渎职犯罪行为不法的实质重塑：制造不被允许的风险

新过失论主张，行为人即使对结果的发生有所预见，若其履行了客观注意义务，则即便结果发生，行为人也不成立过失。该法理的形成与德国刑法中的允许的风险理论密切相关。④ 允许的风险是指，在遵守法律条文规定的情况下，行为人实施的风险性行为不具备法益侵害性。⑤ 申言之，允许的风险理论在行为的危险性和行为对社会的有用性之间进

---

① ［德］罗克辛．德国刑法学总论：第 1 卷［M］．王世洲，译．北京：法律出版社，2005：234.

② ［日］松原芳博．刑法总论重要问题［M］．王昭武，译．北京：中国政法大学出版社，2014：214.

③ ［日］曾根威彦．刑法学基础［M］．黎宏，译．北京：法律出版社，2005：117.

④ 张波．罪过的本质及其司法运用［M］．北京：法律出版社，2014：157.

⑤ ［德］金德霍伊泽尔．刑法总论教科书［M］．蔡桂生，译．北京：北京大学出版社，2015：334-335.

行衡量，立法为对社会有益的风险行为留出了一定的容许空间。只要行为人在实施容许空间内的风险行为时遵守了法律规则，则该风险行为自始不符合构成要件。允许的风险现为客观归责理论中风险创设的下位判断规则。在过失犯领域，客观归责理论将制造不被允许的风险作为认定过失不法的依据，把未制造不被允许的风险或制造了允许的风险作为排除构成要件符合性的事由。比如，拳击手可以预见自己可能会将对手打伤，但其按照拳击比赛规则的要求在规定的时间、场地内击打对方容许被攻击的部位，由此造成对手受伤的后果。根据新过失论的见解，拳击手履行了客观注意义务，即使结果发生也不成立过失犯；而在客观归责理论看来，拳击手遵守了比赛规则，故其行为的风险在允许范围内，阻却了行为的构成要件符合性。可以说，"以客观注意义务违反为过失犯行为不法的核心"这一观点得到了形式违法论"规范违反说"的支持；而允许的风险理论则释放出强烈的违法论实质化倾向信号，① 是"法益侵害说"在不法领域的贯彻。

以制造不被允许的风险来实质性阐释过失行为不法，更具合理性。风险社会中刑法发展的显著趋势是行政犯数量急剧增加。对于那些以发生构成要件结果为犯罪成立要件的过失行政犯而言，若依旧奉行新过失论强调的过失犯行为不法的核心在于客观注意义务的违反，容易使过失行政犯成为违反行政法规范的结果加重犯。对客观注意义务履行情况的考察，不仅没实现限制过失犯成立的目的，反而不当地扩大了过失行政犯的处罚范围。② 再者，违反客观注意义务的行为，并不必然具备过失行为不法。例如，出入境检验检疫机关工作人员严重不负责任，对应当检疫的检疫物不检疫，致使携带病毒的检疫物进入我国境内并引发重大

---

① 刘涛. 客观归责理论与系统性反思性 [J]. 黑龙江社会科学，2018（3）.

② 张明楷. 行为无价值论与结果无价值论 [M]. 北京：北京大学出版社，2012：207.

疫情。事后查明该病毒为新型病毒，即使检疫工作人员履行了检疫职责，也无法查出该病毒。新过失论会以检疫工作人员未履行客观注意义务为由认定其具备过失不法，但检疫工作人员事实上并未制造不被允许的风险，应否定其行为不法。需要特别指出的是，行为不法的欠缺并不能否定该过失渎职行为在刑法上的禁止性。假使该渎职行为发生在故意犯罪的情形中，还存在以犯罪未遂追究刑事责任的可能性。① "制造不被允许的风险"将行为对刑法所保护的法益的侵害作为判断的核心，更加符合刑事不法的本质及刑法法益保护原则的精神。② 在现代刑法实质化思潮的强烈冲击下，以允许的风险理论重塑过失犯行为不法的核心，已然成为难以逆转的发展趋势。

过失渎职犯罪兼具过失犯与行政犯的犯罪属性特征，因此有学者担心，此类过失行政犯的客观注意义务容易与行政法规范等同视之。行政法规范为行为人设定的各种注意义务中包含了应视作不作为犯的作为义务，若将其作为客观注意义务，存在将过失犯不作为犯化的危险。③ 在将过失行为不法的实质解释为结果避免义务的理论情形下，这种担忧并非毫无道理。以过失渎职犯罪为例，不作为过失渎职犯罪的行为不法是违反了防止渎职犯罪结果发生的作为义务，④ 而新过失论对过失渎职犯罪行为不法的解释则是违反了避免渎职犯罪结果发生的客观注意义务。行政法规范为国家机关工作人员设定的过失渎职犯罪与不作为渎职犯罪的义务，均为"实施防止渎职结果发生的行为"。然而，过失渎职行为

---

① 王海涛. 制造法不允许的危险：质疑与检视 [J]. 国家检察官学院学报，2020，28（1）.

② 王俊. 客观归责体系中允许风险的教义学重构 [M]. 北京：法律出版社，2018：81.

③ ［日］松宫孝明. 刑法总论讲义 [M]. 钱叶六，译. 北京：中国人民大学出版社，2013：156.

④ 姚诗. 不真正不作为犯：德日的差异演进及中国的后发式研究 [J]. 中外法学，2021，33（3）.

与不作为渎职行为在客观上都表现为"没有实施防止结果发生的渎职行为",这就模糊了过失犯与不作为犯的行为构造边界,导致过失犯向不作为犯转化。以允许的风险理论对过失犯行为不法进行重构后,过失犯与不作为犯混同的顾虑便可消除。当过失渎职犯罪行为不法的核心转变为制造了不被允许的风险时,行为不法的形态既可以是通过作为的方式制造不被允许的风险,也可以是通过不作为的方式没有防止不被允许的风险发生。这样一来,不作为便只是过失渎职犯罪的行为形态之一,而不存在将过失渎职犯罪等同于不作为渎职犯罪的可能性。

在客观归责理论的实质违法论场域内,制造不被允许的风险就是实施构成要件行为的实质定义。① 新过失论中,违反客观注意义务的构成要件行为机能,几乎被允许的风险理论消解殆尽。罗克辛教授甚至主张,在以客观归责理论重构过失不法后,客观注意义务、结果预见、结果避免等概念可以弃之不用。② 弃用客观注意义务概念,而使用风险制造来解释行为不法,其逻辑思路如下:行为人的行为因具备构成要件符合性而被暂时推定违法—不法的本质是制造不被允许的风险—行为人的行为制造了风险。但这无疑陷入了"风险制造是实施构成要件行为—构成要件行为的实质是制造风险"的循环解释怪圈。实施构成要件行为与制造不被允许的风险,分别是行为不法的外形和内核,它们是一体两面的关系,无法相互证明。要打破循环解释,论证行为是否制造了风险以及风险在何种程度上是被允许的,必须借助除这两者之外的第三方概念来参与解释——客观注意义务。法律规定、职业或行业规范乃至习惯中的客观注意义务对风险的判断有着指示意义。③ 客观注意义务相当于立法为行为人标示的风险界限,行为人遵守客观注意义务则风险通常

---

① 吕英杰.论客观归责与过失不法 [J].中国法学,2012(5).
② 转引自林钰雄.新刑法总则 [M].北京:中国人民大学出版社,2009:177.
③ 张亚军.刑法中的客观归属论 [M].北京:中国人民公安大学出版社,2008:71.

在允许范围内，违反客观注意义务往往造成不被允许的风险。① 例如，在高速路上驾驶汽车的行为是否制造了不被允许的风险，可以考察驾驶员是否遵守了交通法规；政府卫生行政部门的工作人员在传染病防治过程中导致传染范围扩大的风险是否被允许，也应视其对防控措施的部署和履行情况而定。因此，即使在承认过失行为不法的核心实质转变为制造不被允许的风险的过失犯客观归责体系中，客观注意义务依然有其存在的意义：违反客观注意义务与制造不被允许的风险是一体两面的关系，② 客观注意义务的违反作为行为制造不被允许的风险的表征，成为过失行为不法的形式判断依据之一。

第二节 过失渎职犯罪构成要件行为的结构形态

构成要件是刑法分则各条规定的犯罪类型，客观地描述了刑法的禁止素材（Verbotsmaterie）。③ 构成要件行为是客观构成要件的要素之一，是以行为人作为或不作为方式呈现的在刑法上具有重要意义的案件情况的抽象总结。④ 过失犯行为不法的核心在于制造不被允许的风险，从构成要件意义上来说，过失渎职行为是刑法分则对实践中通常会制造不被允许风险的过失渎职行为的高度概括，是对刑法所禁止的过失渎职行为

---

① 参见许恒达﹒合法替代行为与过失犯的结果归责：假设容许风险实现理论的提出与应用 [J]. 台大法学论丛，2010，40（2）.
② 林山田﹒刑法通论 [M]. 北京：北京大学出版社，2012：108.
③ ［日］西原春夫﹒犯罪实行行为论 [M]. 戴波，江溯，译﹒北京：北京大学出版社，2006：53.
④ 转引自蔡桂生﹒构成要件论 [M]. 北京：中国人民大学出版社，2015：179.

的规范化类型的客观描述。① 我国《刑法》分则第九章过失渎职犯罪的十二个罪名中，玩忽职守罪与其他罪名是一般法条与特殊法条的关系。这意味着，其他罪名的构成要件行为同时也均符合玩忽职守罪的行为要件。《渎职案件立案标准》将玩忽职守罪的构成要件行为界定为"严重不负责任，不履行或者不认真履行职责"，可以将这一界定视为过失渎职犯罪构成要件行为的基本构造模式。"严重不负责任"这一表述过于抽象，学界对于其是否属于过失渎职行为存在多种不同的观点。只有明确"严重不负责任"在犯罪构成体系中的定位，以及它与"不履行、不认真履行职责"之间的关系，方能厘清过失渎职行为的结构形态。

一、过失渎职犯罪构成要件行为基础构造的教义学分析

（一）"严重不负责任"之定性：客观构成要件行为要素

"严重不负责任"在过失渎职犯罪构成体系中究竟属于客观的构成要件行为还是主观的过失心态，历来有主观构成要素论、客观构成要素论和主客观构成要素论三种争议。主观构成要素论从文意解释的角度出发，指出"不负责任"形容的是人的主观心态，"严重"是对这种心态的程度修饰，"严重不负责任"是对行为人主观方面的描述。② 主观构成要素论也从历史解释角度给出了论据，1979 年刑法的立法草案第 33 稿在拟定第 187 条玩忽职守罪时曾使用"国家机关工作人员由于玩忽职守，严重不负责任……"的表述，经研讨认为"玩忽职守"与"严重不负责任"表达的是同样的意思，故删去了"严重不负责任"的重复

---

① 转引自［日］西原春夫. 犯罪实行行为论［M］. 戴波，江溯，译. 北京：北京大学出版社，2006：47.

② 张新凯. 犯罪过失理论研究：以过失犯罪"严重不负责任"的规定为切入点［J］. 广西政法管理干部学院学报，2016，31（5）.

性表达。① 有学者据此作出"玩忽职守"属于客观方面、"严重不负责任"属于主观方面的解读，认为"玩忽职守"的客观行为内在包含着"严重不负责任"的主观心态，"严重不负责任"与"过失"是一体的。② 客观构成要素论则站在截然相反的立场，刑法理论研究者和实务工作人员在进行学理分析时皆认为玩忽职守罪"客观方面表现为严重不负责任，不履行或不正确履行职责"③，司法实践中亦有判决书直接写明被告人"在客观方面严重不负责任，不认真履行相关特定职责"④，将"严重不负责任"划归为客观构成要素。而主客观构成要素论采取了折中的观点，认为"严重不负责任"既可作为犯罪构成中的客观要件，也可作为过失心理的主观要件，具有表明行为人"当时应当受谴责的心理状态和极端不负责任的行为"⑤ 的双重功能。

"严重不负责任"在犯罪构成体系中属于客观构成要素，且应当是过失渎职犯罪的构成要件行为，对此需从刑法规范的本质论起。法律是一种强制性命令，是对一个普遍的角色群规定的一个普遍的行为模式。⑥ 刑法规范归根结底是对行为规范的命令，通过"……的，处……"的具

---

① 高铭暄. 中华人民共和国刑法的孕育诞生和发展完善 [M]. 北京：北京大学出版社，2012：45.

② 李希慧，宋久华. 医疗事故罪之"严重不负责任"辨析 [J]. 人民检察，2012（21）.

③ 高铭暄，马克昌. 刑法学 [M]. 北京：北京大学出版社，高等教育出版社，2017：651. 韩玉胜，王达. 监察机关职务犯罪调查法律实务 [M]. 北京：中国法制出版社，2019：183-202.

④ 淮南市谢家集区人民法院（2015）谢刑初字第 00156 号刑事判决书，淮南市中级人民法院（2016）皖 04 刑终 58 号刑事判决书。

⑤ 李兰英，雷堂. 论严重不负责任 [J]. 河北师范大学学报（哲学社会科学版），2000（4）.

⑥ [英] 哈特. 法律的概念 [M]. 许家馨，李冠宜，译. 北京：法律出版社，2018：71-72.

体刑法条文来命令或禁止行为人实施某种行为。① "……的，处……"的条文结构，前半段是假定条件，后半段是法律后果。基于刑法的本质，前半段假定条件可以被还原为规范命令的语句。从过失渎职犯罪相关的法条文本来看，涉及"严重不负责任"的立法表述有两种形式，其中一类在条文中只有"严重不负责任"的总括性规定，而未列举具体的渎职行为内容。② 以环境监管失职罪的法条文本为例对该类条文的假定条件进行还原，其隐含的刑法禁止性命令应表述为"禁止行为人严重不负责任"。如果认为"严重不负责任"是主观要素、过失心态，那么以环境监管失职罪为代表的过失渎职犯罪之刑法规范便是对行为人的主观方面作出了禁止——禁止行为人的过失心态，这就违背了刑法不处罚人的主观思想共识的基本法理。所以，"严重不负责任"只能是客观构成要素。刑法处罚的是主客观统一的犯罪，但刑法条文并不必然总是同时承载对犯罪主客观两方面的规定。出于立法技术层面的考量，刑法条文中可以省略对主观构成要素的描述，但绝不能省略客观构成要素。例如，交通肇事罪是典型的过失犯，其法条文本中并未出现对主观罪过的规定。同理，"严重不负责任"总括性规定类的过失渎职犯罪之法律条文同样省略了对罪过方面的描述，而保留了作为客观构成要素的"严重不负责任"，用以表明该类刑法规范的禁止对象——制造了某种不被允许的风险的过失渎职行为。

---

① 张明楷. 刑法学 [M]. 北京：法律出版社，2021：31.
② 这一类型包括失职致使在押人员脱逃罪，国家机关工作人员签订、履行合同失职被骗罪，环境监管失职罪，传染病防治失职罪，失职造成珍贵文物损毁、流失罪。玩忽职守罪的法条表述虽为"玩忽职守"，但因玩忽职守行为中包含"严重不负责任"要素，故可一并归入该类形态。

（二）"严重不负责任"与"不履行、不认真履行职责"的关联性阐释

《渎职案件立案标准》在对玩忽职守罪进行概念界定时，把"严重不负责任"与"不履行、不认真履行职责"的表述并列起来，但两者实际上并非并列关系，而是概括与具体的关系。过失渎职犯罪刑事立法里涉及"严重不负责任"的另一类法条条文结构为"严重不负责任+具体渎职行为内容"，① 该结构与过失渎职行为"严重不负责，不履行或者不认真履行职责"的基本构造相仿。对这类条文进行规范命令还原，其刑法禁止性命令分别为："禁止行为人严重不负责任，禁止行为人不依法采取相关措施，禁止行为人不履行相关法定职责，禁止行为人违法采取相关措施的行为""禁止行为人严重不负责任，禁止行为人对应当检验的物品不检验，禁止行为人对应当及时、准确检验的物品延误检验出证、错误出证"。还原后的禁止性命令清晰地表明，"严重不负责任"行为相当于原则性、兜底性概括规定，"不履行、不认真履行职责"行为是"严重不负责任"行为的一种表现形式。

系统考察《刑法》分则条文可知，"严重不负责任"并非过失渎职犯罪独有的立法术语，第335条医疗事故罪的构成要件行为也是"严重不负责任"。过失渎职犯罪"严重不负责任"的具体行为内容，必然与医疗事故罪"严重不负责"的行为内容存在差异。因此，"不履行、不认真履行职责"是过失渎职犯罪领域内"严重不负责"行为的高度类型化概括，而"不依法采取相关措施，不履行相关法定职责，或者违法采取相关措施""对检验对象应检不检或者延误出证、错误出证"等行为又是"不履行、不认真履行职责"在司法实践中的具象化描述。

---

① 这一类型包括执行判决、裁定失职罪，食品、药品监管渎职罪，商检失职罪，动植物检疫失职罪。

过失渎职犯罪还有一类特殊的法条结构，即"违反其他法律规范+具体渎职行为内容"结构。这种结构形式直接体现了渎职犯罪的行政犯属性——违反前置行政法的规定。有两个罪名采用了该表述：过失泄露国家秘密罪，是违反保守国家秘密法过失泄露国家秘密的行为；违法发放林木采伐许可证罪，是违反森林法超过年采伐限额发放或滥发林木采伐许可证的行为。这类空白罪状与过失渎职犯罪"严重不负责任+不履行或者不认真履行职责"的基本行为构造模式略有不同。但究其根本，这种违反行政法的规定、未履行或未正确履行行政法中明确设定的职务要求的行为，也是"不履行、不认真履行职责"行为的具体体现，能够解释为"严重不负责任"行为。因此，"违反其他法律规定+具体渎职行为内容"类的过失渎职行为，同样符合"严重不负责任+不履行或者不认真履行职责"的基本行为构造。对于指导司法实践来说，既有"不履行、不认真履行职责"这一相对具体、明确的标准来判断行为是否属于过失渎职行为，又有"严重不负责任"这样概括性、兜底性标准给予司法工作人员自由裁量的依据，这有利于应对复杂变化的案情，将实践中符合"严重不负责任"解释的行为依法认定为过失渎职犯罪的构成要件行为。

二、不履行职责、不认真履行职责行为的实践形态具化

过失渎职犯罪中，"不履行职责"与"不认真履行职责"两种具体构成要件行为形式，分别对应着不作为的过失渎职犯罪形态与作为的过失渎职犯罪形态。

行为概念在从因果行为论、目的行为论、社会行为论发展到人格行为论过程中，历经修正，被纳入了越来越多的规范评价要素。不作为虽

然在自然物理层面表现为身体动静的"无"，但基于规范上的实存关系，① 其行为性在当前已经得到广泛认可。不作为犯罪的实质，是处于保证人地位的行为人违反其作为义务，客观上未实施法律规定必须实施的行为，即"当为而不为"。具体到过失渎职犯罪，其不作为表现为国家机关工作人员严重不负责任，应当履行且有能力履行职务行为而没有履行。例如，在 2021 年河南省"7·20"特大暴雨期间，郑州市各级领导本应依据《市委市政府领导防汛抗旱责任分工及工作职责的通知》落实防汛包保责任义务，及时严格履行防汛职责。然而，国务院灾害调查组针对郑州市委、市政府主要负责人失职渎职的调查结果显示，市委市政府防汛负责人"对防汛工作没有组织分析研判、动员部署、督促检查等行动""没有提前采取有效的防范避险措施""没有检查防汛工作"，② 负有防汛工作的责任主体缺乏防范部署、未采取具体有效的防范措施，在防汛准备近乎空白的情况下，导致特大暴雨灾害的发生和持续，这属于典型的不作为过失渎职行为。又如，根据《监狱法》的规定，罪犯有脱逃行为或其他危险行为时可对其使用戒具，监狱工作人员若发现罪犯有逃脱迹象而未对其使用戒具或采取其他防范措施最终致使罪犯逃脱的，那么该工作人员便构成了不作为形态的失职致使在押人员脱逃罪。

作为的过失渎职犯罪，是指行为人不认真履行职责，实施了制造不被允许的风险的过失渎职行为。不认真履行职责在司法实践中通常有以下几种表现形式：（1）不充分履行职责。不充分履行职责是指行为人虽然有所作为，在一定程度上履行了其职责，但履行程度并未达到排除

---

① 陈宏毅. 论过失不作为犯［M］. 台北：元照出版有限公司，2014：131.

② 新华社. 郑州"7·20"特大暴雨灾害的调查报告［R/OL］.（2022-01-21）［2024-10-06］. https://www.gov.cn/xinwen/2022-01/21/content_5669723.htm#:~:text=%E6%96%B0%E5%8D%8E%E7%A4%BE%E5%8C%97%E4%BA%AC1%E6%9C%8821%E6%97%A5.

法益侵害危险的要求，最终仍然导致了法益侵害结果发生。在"7·20"特大暴雨灾害事件前夕，河南省郑州市水利部门仅把红色暴雨预警信息发送给辖区防指或相关单位，而未按应急预案的规定向全社会公开预警，导致社会常态运转未有效采取避险措施，暴雨灾害最终导致380余人死亡或失踪。又如，负有环境监管职责的工作人员在巡检时遗漏检查辖区内的某区域，致使该区域内污染物排放量超标从而造成环境污染。（2）错误履行职责。错误履行职责又包括"不该为而为之"与"超越职责权限而为之"两种情形。前者如过失泄露国家秘密罪，行为人本应按照保守国家秘密法的规定，遵守保守国家秘密的义务，却过失泄露国家秘密或遗失国家秘密载体；后者如违法发放林木采伐许可证罪，行为人本该遵守森林法的规定，按照批准的年采伐限额发放林木采伐许可证，却超出批准限额滥发许可证。（3）延迟履行职责。延迟履行职责是指行为人未在规定的时间内履行职责。"7·20"暴雨灾害中，郑州市京广快速路北隧道发生淹水倒灌致使6人死亡。经调查组确认，这是一起由于隧道管理单位封闭隧道不及时、交通管理部门疏导交通不及时导致的渎职责任事件。按照郑州市隧道防汛应急专项预案的规定，道路积水超过40厘米时应当关闭隧道，但7月20日特大暴雨当天，郑州市城市隧道管理部门在积水超过应封闭隧道警戒线后，并未实施全线封闭，直到下午4时之后才强制封闭隧道，此时涝水已涌入隧道，造成车辆被困；公安交管部门也未及时到场指挥疏导堵车，隧道于下午5：30被完全淹没。郑州市隧道管理部门与交通管理部门虽然最终履行了职责，但因履行的延迟性，切实制造了不被允许的风险。所以，延迟履行职责这种"不认真履行"行为，仍然应当被判定为作为的过失渎职行为。

第三节　过失渎职犯罪基准职务行为的来源追溯

过失行为不法的成立，蕴含着行为人与社会一般个体的比较：行为人未能遵守或者至少是偏离了一般人应当遵守的行为基准。① 行为基准是人类社会为保护法益而达成的共识性规则，新过失论就将行为人违反结果避免义务的行为描述为"从基准行为逸脱的行为"②。基于认定过失渎职犯罪的构成要件行为是脱逸了行为基准且实质制造了不被允许的风险的行为这一前提，刑法所期待的基准职务行为则是国家机关工作人员认真负责履行职责的行为。过失渎职行为的基本构造为"严重不负责任，不履行或者不认真履行职责"，由此可以逆向推导出，过失渎职犯罪基准职务行为的基本构造应当是"负责任，履行或认真履行职责"。"履行或认真履行职责"的基准职务行为源来何处，其为何能成为刑法意义上的行为基准值得追溯。

一、基准职务行为的主要来源：行政法规范

基于过失渎职犯罪的行政犯属性，基准职务行为不一定直接由刑法规定，而是由作为前置法的行政法规范所确立，因此首先要辨明的是，以行政法规范作为过失渎职犯罪基准职务行为来源的合理性。在过失渎职犯罪中，过失泄露国家秘密罪和违法发放林木采伐许可证罪的法条文本中直接出现了"违反行政法规范"的表述，但前者罪状为空白罪状，后者罪状为叙明罪状。宜以这两罪为代表，分别分析不同罪状视角下行

---

① 劳东燕. 责任主义与过失犯中的预见可能性 [J]. 比较法研究，2018（3）.
② 吕英杰. 客观归责下的监督、管理过失 [M]. 北京：法律出版社，2013：69.

政法规范作为过失渎职犯罪职务行为来源的合理性，并对有资格成为基准职务行为来源的行政法规范的位阶予以明确。

（一）行政法规范作为职务行为来源的合理性论证

《刑法》分则中出现"违反其他法律规范"的表述，大概是因为《刑法》条文对构成要件的规定不完备，必须援引其他部门法规范来补足构成要件的完整性。① 这种行为规范与惩罚规范在法条上分离的现象，是空白罪状的实质特征。② 过失泄露国家秘密罪的罪状为"违反保守国家秘密法的规定，过失泄露国家秘密"，而究竟什么行为是过失泄露国家秘密行为，《刑法》第 398 条并未明确指出，所以过失泄露国家秘密罪的法条条文属于空白罪状。除了过失泄露国家秘密罪以外，前文所述构成要件行为只有"严重不负责任"总括性规定的 6 个罪名，③ 因《刑法》未对"严重不负责任"行为作出列举或说明，只能援引相关行政法规范对"严重不负责任"行为进行补充解释，所以这 7 个过失渎职犯罪条文均属空白罪状。④ 鉴于刑法学界对于"空白罪状未违反罪刑法定原则"这一结论已基本达成共识，⑤ 当《刑法》分则条款为空白罪状时，援引行政法等部门法的规范来对行为人进行刑法上的评价便具备

---

① 肖中华. 空白刑法规范的特性及其解释［J］. 法学家，2010（3）.

② 刘树德. 罪刑法定原则中空白罪状的追问［J］. 法学研究，2001（2）.

③ 分别为玩忽职守罪，失职致使在押人员脱逃罪，国家机关工作人员签订、履行合同失职被骗罪，环境监管失职罪，传染病防治失职罪，失职造成珍贵文物损毁、流失罪。

④ 尽管从形式层面来看，空白罪状的刑法条文中一般有着"违反国家规定""违反XXX法的规定""违反XXX法规"等明显指向部门法的表述，但只要实质层面满足"刑法规定的构成要件不完备，其他法律规范补足构成要件"的，即使刑法条文中没有"违反其他法律规定"的表述，也属于空白罪状。相反，若刑法条文中完整规定了构成要件，即使该条文中同时出现了"违反其他法律规定"之表述，也不属于空白罪状，而属于叙明罪状。参见刘树德. 罪状论［D］. 北京：中国人民大学，2000：223-226.

⑤ 黄明儒. 论行政刑法规范的适用与罪刑法定原则［J］. 法律科学（西北政治大学学报），2009，27（3）.

了合理性，空白罪状罪名的职务行为必得去相关行政法中检索。保守国家秘密法第48条规定了12种泄露国家秘密的行为，过失泄露国家秘密罪之主体的基准职务行为便应按照空白罪状的指示从该法中援引，即"禁止实施保守国家秘密法第48条规定的所有行为"。其他6个过失渎职犯罪《刑法》条文没有具体指向某部行政法律法规，需自行寻找判断其职务行为的行政法规范来源。例如，《中华人民共和国传染病防治法》第18条规定了各级疾控机构在传染病防控中应当履行的职责，可将其视为传染病防治失职罪中疾控机构工作人员的基准职务行为。

违法发放林木采伐许可证罪的罪状虽然也有"违反森林法的规定"之行政法规范指引，但即使不参照《森林法》，也能从该《刑法》条文中明确获取本罪"超过批准的年采伐限额发放林木采伐许可证"以及"违反规定滥发林木采伐许可证"的行为要件，因此本罪的构成要件是完整的，实际上属于叙明罪状而非空白罪状。本罪主体的基准职务行为可从刑法条文中推断为"禁止超过批准的年采伐限额发放林木采伐许可证"以及"禁止违反规定滥发林木采伐许可证"。那么，本罪条文中"违反森林法的规定"的表述岂非多此一举？事实并非如此。法律为不同社会参与群体设立相应的权利和义务，形成调整性法律关系，承担法律调整责任的法律规则被称为调整性规则，其核心在于权利义务的设定。调整性规则是第一层级的法律规则，行政法、民法等部门法中非制裁性条款大多数属于调整性规则。当义务主体不履行义务、破坏了调整性法律关系时，法律便要对这类违背调整性规则的行为进行制裁，进而形成第二层级的法律规则——保护性规则，部门法中的制裁性规则以及刑法规范均属于保护性规则。[①] 调整性规则在逻辑上处于在先地位，保

---

① 田宏杰. 行政犯的法律属性及其责任：兼及定罪机制的重构 [J]. 法学家，2013 (3).

护性规则处于在后地位，只有当调整性法律无法维持社会的正常秩序，调整性规则被违反或破坏后，才有保护性规则发挥作用的空间。职务行为的本质即为行政法规范设定的、表明国家机关工作人员义务的调整性规则。例如，《森林法》第 59 条为审核发放林木采伐许可证的部门设定了"有下列情形时不得发放许可证"的要求，这才是处于在先地位的、第一层级的调整性规则，是违法发放林木采伐许可证罪之主体基准职务行为的直接来源。《刑法》第 407 条则是保护性规则，以叙明罪状的方式对森林法的相关调整性规则进行了重复，"违反森林法的规定"实质上是对行为违法性的强调。① 除了违法发放林木采伐许可证罪，还有 4 个过失渎职犯罪刑法条文属于叙明罪状，② 从刑法条文规定中即可推定"禁止违法采取强制执行措施""禁止对不符合条件的药品和特殊食品申请准予许可""禁止对应当检验的物品延误出证"等职务行为，但其职务行为归根结底仍然出自相关行政法规范的规定。

（二）作为基准职务行为来源的行政法规范位阶效力限定

过失渎职犯罪的基准职务行为由行政法规范规定，而"行政法规范"只是一个统称，其范围不甚明晰。当前，只有我国《刑法》第 96 条列明的效力位阶较高的"国家规定"——全国人民代表大会及其常务委员会制定的法律和决定，国务院制定的行政法规、规定的行政措施、发布的决定及命令中涉及国家机关工作人员基准职务行为的条款——可以毫无争议地作为判断行为人是否构成渎职行为、是否成立过失渎职犯罪的法律依据，但效力位阶较低的行政规章、地方性规范文件以及行政机关制定的在单位内部一定范围内具有约束力的规章制度，由

---

① 张明楷. 刑法分则的解释原理［M］. 北京：中国人民大学出版社，2011：543-544.
② 执行判决、裁定失职罪，食品、药品监管渎职罪，商检失职罪和动植物检疫失职罪。

于其往往比法律、行政法规中的规定更加详细、标准更为严苛，① 若将其作为过失渎职犯罪的基准职务行为来源，恐有降低入罪门槛、扩大犯罪圈之嫌。故行政规章、地方性规范文件、单位内部规章制度是否在过失渎职犯罪基准职务行为来源的"行政法规范"之列，还有待探讨。

《刑法》分则第九章以外的职务犯罪，如第 137 条工程重大安全事故罪、第 385 条受贿罪、第 405 条违法提供出口退税凭证罪等，其《刑法》条文将基准职务行为的来源明确指向了"国家规定"。根据最高人民法院 2011 年《关于准确理解和适用刑法中"国家规定"的有关问题的通知》，效力位阶较低的地方性法规和部门规章不属于"国家规定"，举重以明轻，地方政府规章自然也不属于"国家规定"。故对于上述职务犯罪而言，地方性法规和包括部门规章、地方政府规章在内的行政规章不在其基准职务行为来源的"行政法规范"之列。而过失渎职犯罪的诸刑法条文中除了指示参照保守《国家秘密法》和《森林法》两部行政法律，均未有明文规定指向"国家规定"。有学者认为，"违反国家规定"是行政犯的不成文构成要件要素，"基于法定犯前后一致并互相呼应的逻辑关系以及法定犯均是同一系统之内的不同个体之事实"②，刑法条文中没有规定"违反国家规定"的行政犯也应当在相关"国家规定"中寻找前置法。按照这种观点，过失渎职犯罪的基准职务行为来源只能出自法律法规这一位阶的行政规范性文件，本书对此持不同意见。

拉伦茨指出，制定法多半是由不完整法条组成的，需要与其他条文

① 根据《中华人民共和国立法法》第 72 条、第 73 条、第 74 条、第 75 条、第 80 条、第 82 条的规定，地方性法规和地方政府规章可以根据本行政区或本部门的具体情况为执行法律、行政法规而作具体规定，其内容不能超越或与法律、行政法规相抵触；其规定可以严于或与法律、行政法规相同，但不能低于法律、行政法规中设定的标准。

② 刘艳红．论法定犯的不成文构成要件要素［J］．中外法学，2019，31（5）．

结合才能构成完整的法条或规则体，人们只有视其为规则体的组成部分，才能获得个别法条的意义。① 这也是刑法解释理由中体系性解释的意义所在——当某个法条规定不明确时，得以通过其他明确的规定来对其进行解释，保证"同案同判"基本实现。可以肯定的是，在整个刑法分则体系中，条文中未指定援引某部规范性文件的，或未明确指示参照某位阶规范性文件的，其能够援引的行政法规范的位阶，不能低于同类罪名刑法条文中已明确规定的行政法规范的最低位阶。就过失渎职犯罪而言，其"同类罪名"是指广义上的职务犯罪。职务犯罪罪名里援引行政法规范补充犯罪构成的条文表述有很多种，在 2020 年修正后的《刑法》分则中，除"违反国家规定"外，还出现过"违反法律、行政法规的规定"②（1 次）、"违反规定"③（4 次）、"违反规章制度"④（2次）等表述方式。其中"违反规定"的表述可谓最具包容性，几乎可以涵盖所有规范性文件。因此，探明"规定"中规范性文件位阶的最下限，便可知作为过失渎职犯罪基准职务行为来源的行政法规范的范围。"违反规定"的表述出现于第 180 条利用未公开信息交易罪中，在该叙明罪状中用于强调偏离基准职务行为的违法性。最高人民法院与最高人民检察院于 2018 年发布的《关于办理利用未公开信息交易刑事案件适用法律若干问题的解释》对"规定"的范围进行了明确，按照法律效力的位阶分别为法律、行政法规、部门规章、全国性行业规范的有关规定以及行为人所在金融机构的相关规定。该司法解释表明，部门规章、行业规范以及单位内部规章制度可以成为基准职务行为来源。利用未公开信息交易罪这一职务犯罪能够从部门规章、行业规范和单位内部

---

① ［德］拉伦茨. 法学方法论［M］. 黄家镇，译. 北京：商务印书馆，2020：409.
② 第 405 条徇私舞弊发售发票、抵扣税款、出口退税罪。
③ 第 180 条第 2 款利用未公开信息交易罪，第 188 条违规出具金融票证罪，第 407 条违法发放林木采伐许可证罪，第 442 条擅自出卖、转让军队房地产罪。
④ 第 131 条重大飞行事故罪，第 132 条铁路运营安全事故罪。

规定中寻找基准职务行为依据，基于刑法秩序的统一性，就没有否定过失渎职犯罪这类职务犯罪以该位阶的规范性文件为基准职务行为来源的理由。

职务行为是专业性、技术性较强的行为，对基准职务行为的规定越细致越有利于国家机关工作人员了解自己的职责要求、规范自己的行为，从而促使其勤勉履职。规范性文件的效力位阶越高，其规定往往越抽象概括，位阶越低则规定越细。以《刑法》第 406 条国家机关工作人员签订、履行合同失职被骗罪为例，其犯罪的成立以"严重不负责任被诈骗，致使国家利益遭受重大损失"为要件，该罪的罪状中不含指向性规定，由于"国家利益"的种类之一为国有资产，故可从国有资产管理类的行政规范中寻找该罪"禁止严重不负责任"的具体基准职务行为要求。《企业国有资产监督管理暂行条例》（以下简称《条例》）是国务院出台的行政法规，该《条例》第 30 条规定了国有资产监督管理机构应"建立企业国有资产产权交易监督管理制度，加强企业国有资产产权交易的监督管理"，但应当如何监督管理尚不明确；继续向下位法追溯，《企业国有资产交易监督管理办法》（以下简称《管理办法》）是国务院国有资产监督管理委员会与财政部发布的部门规章，第 3 条详细列举了企业国有资产交易行为种类，其中包括企业产权转让行为，该《管理办法》第 23 条中明确规定在签订产权交易合同时，"交易双方不得以交易期间企业经营性损益等理由对已达成的交易条件和交易价格进行调整"。国资监管机构工作人员的基准职务行为之一便是"认真、严格审查产权交易合同，禁止签署经受让方调整过已达成交易条件或交易价格的合同"。因此，当援引法律、行政法规等效力位阶较高的规范性文件不能有效补充认定过失渎职犯罪的构成要件行为时，下沉参照效力位阶较低的行政规章等规范性文件是合理的。

过失渎职犯罪的司法审判实践也支持了援引地方性规范文件甚至单

位内部规章制度来确定基准职务行为的做法。以张某被控玩忽职守罪一案为例，张某担任山东省郓州监狱某监区三楼楼层长期间严重不负责任，致使三楼服刑人员违规使用 U 盘等拷贝并在监狱微机室内的电脑上观看、传播淫秽色情视频。法院认为张某的过失渎职行为是对国家机关声誉的严重损害且造成了恶劣的社会影响。其辩护人认为，"楼层长"并非法定职位，微机室亦不在张某的监管范围之内，故张某不应对服刑人员观看、传播淫秽色情视频承担玩忽职守的责任。法院没有采纳辩护人的意见。首先，援引《监狱和劳动教养机关人民警察违法违纪行为处分规定》，明确在监狱中不得违反规定允许服刑人员携带、使用违禁品。其次，通过《山东省监狱管理局狱政管理工作规范》证实 U 盘等电子设备在监狱中属于违禁品，监区值班警察的基准职务行为应当是"认真履行监管职责、及时发现此类违禁物品并严厉处罚"。再次，法院参照山东省监狱管理局下发的《关于规范全省监狱警察值班备勤工作的暂行意见》，获知山东省监狱系统以"谁值班、谁管理、谁负责"为原则，监区警察按照"一日工作规范"履行各值班岗位的职责、工作标准和工作流程。最后，法院查询了山东省郓州监狱文件以及张某所在监区的管理制度汇编，在 2014 年 3 月 10 日该监区印发的"U盘管理使用规定"中找到楼层长为本楼层 U 盘管理第一责任人的制度，从而认定张某作为楼层长，负有监督、检查并禁止本楼层服刑人员携带使用 U 盘播放、传播淫秽色情视频的职责，其违背基准职务行为造成严重后果，成立玩忽职守罪。① 单位内部的规章制度严格来讲其实并不属于法律规范，但"凡是能够对人们的行为起到一种指引和约束作用的规范种类，都是一种规范类型"②。加之过失渎职犯罪的主体是国家

---

① 山东省菏泽市牡丹区人民法院（2015）菏牡刑初字第 146 号刑事判决书。
② 刘作翔. 当代中国的规范体系：理论与制度结构［J］. 中国社会科学，2019（7）.

机关工作人员，其所就职的国家机关单位内部的规章制度天然带有行政规范性文件的属性。因此，尽管行政规章、地方性规范文件和单位内部的规章制度只在有限的领域或地域范围内具有约束效力，但只要其不与上位法相抵触，而是作为对上位法规定的细化和补充，就可以成为判断其效力范围内的国家机关工作人员之行为是否偏离基准职务行为、成立过失渎职犯罪的参照依据。

二、基准职务行为的重要来源：党内法规制度

在行政法规范之外，我国过失渎职犯罪的基准职务行为还有一项特殊且重要的来源——党内法规制度。我国《宪法》第 1 条即阐明，中国特色社会主义的最本质特征是中国共产党的领导。党的领导规范化、制度化的体现便是形成党内法规制度。① 党内法规制度以党内法规和各级党内规范性文件的形式固定成文，共同组成党内法规制度体系。② 2014 年 10 月 23 日，党的第十八届四中全会通过了《中共中央关于全面推进依法治国若干重大问题的决定》（以下简称《决定》），将党内法规体系确定为中国特色社会主义法治体系的五大子体系之一，与法律

---

① 王伟国 . 国家治理体系视角下党内法规研究的基础概念辨析 [J]. 中国法学，2018（2）.

② 根据 2019 年修订的《中国共产党党内法规制定条例》和《中国共产党党内法规和规范性文件备案审查规定》，党内法规是指党的中央组织、中央纪律检查委员会、中央各部门和省级党委制定的专门规章制度，各级党内法规分别以党章、准则、条例、规定、办法、规则、细则为名称；党内规范性文件是指党组织在履行职责过程中形成的具有普遍约束力且在一定时期内可以反复适用的文件。2017 年中共中央印发的《关于加强党内法规制度建设的意见》指出，党内法规制度体系是各领域各层级党内法规制度组成的有机统一整体。据此可理顺以下关系：（1）党内法规制度体系=党内法规+各级党内规范性文件；（2）党内法规=中央党内法规+省级党内法规；（3）党内规范性文件=党内法规+省级以上党组织形成的党内规范性文件+省级以下党组织形成的党内规范性文件。本书论及的"党内法规制度"包括成文的党内法规与各级党内规范性文件。

规范体系并列。《决定》同时指出："党内法规既是管党治党的重要依据，也是建设社会主义法治国家的有力保障。"党内法规制度的规范对象是党组织和党员，但党在国家治理中的领导与核心地位决定了党内法规制度的规范效力不仅限于党内。从党内法规制度涉及的内容而言，据统计，约有14%的党内法规涉及党外事务；① 从党内法规制度的适用对象而言，某些党内法规制度的约束力不仅限于党员内部，还涉及相关国家机关中非党员身份的工作人员，这就导致了党内法规制度规范效力的"外溢"。2021年3月中共中央办公厅发布的《中国共产党组织处理规定（试行）》适用于党的机关和国家机关中担任领导职务的党员干部和非党员领导干部、不担任领导职务的干部以及国有企业中担任领导职务的人员。② 由于过失渎职犯罪的主体大多具备国家机关工作人员与中国共产党党员的双重身份，因此其职务行为既受法律的规制，也受党内法规制度的约束。基于党内法规制度的规范效力"外溢"，不具备党员身份的国家机关工作人员同样可以将党内法规制度作为自身职务行为的规范指引。

党内法规制度作为基准职务行为的来源有两种情况。一种情况是党内规范性文件中设定了基准职务行为，在法律法规中也有针对国家机关工作人员的类似基准职务行为规定。例如，《中国共产党纪律处分条例》（下文简称《纪律处分条例》）第144条规定，泄露、扩散或者打探、窃取党组织关于干部选拔任用、纪律审查、巡视巡察等尚未公开事项或者其他应当保密的内容的，依据情节严重程度给予不同处分，即党员应当"保守秘密"，这与国家机关工作人员的保密义务是不同规范体系下对同一基准职务行为的要求。又如，2021年1月中共中央办公厅、

---

① 王建芹.法治视野下的党内法规体系建设［J］.中共浙江省委党校学报，2017
（3）.

② 参见《中国共产党组织处理规定（试行）》第5条。

国务院办公厅印发《关于全面推行林长制的意见》，对各级林长的工作职责提出了综合性意见，如禁止毁林毁草开垦、组织落实森林草原防火灭火、防治重大有害生物等。地方各级林业和草原行政主管部门负责林长制具体工作的实施，而禁止毁林毁草、预防森林草原火灾与防治森林草原虫害，同时也是地方各级林业和草原主管部门工作人员依照《森林法》等相关法规范应当承担的环境监管职责，是认定环境监管失职罪以及玩忽职守罪过失渎职行为的行政法规范依据。经过国内学者多年的论证与讨论，党内法规制度与国家法律之间的关系被总结为"国法高于党规、党规严于国法"。党内法规与各级党内规范性文件的制定须符合宪法确立的各项基本原则，党内法规制度也不得逾越《中华人民共和国立法法》的规定，设置刑罚等具有法律专属性的内容。在符合宪法与法律法规的前提下，党的先进性和执政地位等决定了"党规严于国法"，党内法规制度对党员提出了比法律法规更高的行为要求。党内法规制度会对党员"懒政""怠政""为官不为"等进行纪律处分以"治庸、治懒、治怠"。如《中国共产党组织处理规定（试行）》第7条规定，领导干部在履行职责时有"敷衍塞责、庸懒散拖"的苗头、倾向或轻微问题，即可对其进行批评教育等，问题严重时要受到组织问责与处分。但法律法规只有在"懒政""怠政""庸政"造成严重后果或情节特别严重时，才会以玩忽职守罪、渎职罪追究刑事责任。[①] 当党内法规制度与法律法规制度就同一基准职务行为分别作出规定时，若行为人违背党规与法律法规实施了过失渎职行为，可能构成"违纪亦违法"，行为人须分别接受党内处分与法律处罚。鉴于"党规严于国法"的特殊情形，也可能构成"违纪尚不违法"，此时行为人只需接受党内

---

① 邹东升，姚靖. 党内法规"党言党语"与"法言法语"的界分与融合 [J]. 探索，2019（5）.

处分。

　　党内法规制度作为基准职务行为来源的另一种情况是，党内法规制度设定了某一基准职务行为，而法律法规中没有针对国家机关工作人员作出类似的基准职务行为规定。"党内法规本质上是政治立法，必须旗帜鲜明讲政治。"① 党的政治属性决定了党内法规制度的政治色彩与政治取向，这是党内法规制度与法律法规"中立性"的差异所在。法律法规一般不对行为人的政治素养过多评判，但党内法规制度会对党员的政治信仰、政治立场和政治观点进行刚性约束。如《纪律处分条例》第51条严禁通过网络、广播、电视、报刊、传单、书籍等，或者利用讲座、论坛、报告会、座谈会等方式公开发布有严重政治问题的内容、严禁破坏党的集中统一、严禁丑化、诋毁、歪曲党和国家的形象、历史，严禁诋毁党和国家领导人、英雄模范，为上述行为提供发布、播出、刊登、出版等便利条件的直接责任人和领导责任人应受党内处分。《纪律处分条例》为党员设定了"禁止实施上述行为"的行为规范，同时为党员干部设定了"禁止为他人实施上述行为提供便利条件"的基准职务行为。这类基准职务行为虽然尚未在法律法规中出现，但其内容并非关于党内生活、党内理论等具有党内专属性的规定，所以在国家机关中任职的工作人员均应据此在履行职责的过程中严于律己。党的十八届四中全会《决定》清楚地界定党内法规的功能是"管党治党"。党内法规的规范效力可以外溢，但制裁效力不能外溢，在法律法规缺位的情况下，法官在司法审判中不能依据党内法规作出裁决。② 因此，违反仅由党内法规制度设定的基准职务行为即"违纪不违法"的党员，应当受到党内处分，但无须接受法律处罚。

---

① 秦强. 党内法规的规范表征 [N]. 中国社会科学报，2019-06-27 (5).
② 刘作翔. 当代中国的规范体系：理论与制度结构 [J]. 中国社会科学，2019 (7).

从我国党内法规与国家法律法规衔接协同适用的现状来看，党内法规制度中的规定可以上升为法律法规规定。因此，现行党内法规制度中的党员行为规范，若取得良好的效果和影响，就有可能通过立法程序上升为适用对象更加广泛的法定基准职务行为。若要为国家机关工作人员增设新的基准职务行为，在该基准职务行为不具备即刻入法的情况下，可以按照"党规严于国法"和"纪在法前"的思路，制定党内规范性文件，以党内法规制度的形式在党员内部"先试先行"，① 为国家立法提供经验，待各方面条件成熟后，再依照立法程序将其写入法律法规之中。② 党内法规制度作为基准职务行为的另一重要来源，其制定相对简便、灵活，且具有可以向法律法规转化的特性，能够较好地填补行政法规范的漏洞，弥补行政法规范滞后性等不足。尽管党内法规制度不能成为法院审判活动的最终裁决依据，但对于判断国家机关工作人员是否存在过失渎职行为而言，党内法规制度是不可忽略的参照资料。

---

① 管华. 党内法规制定技术规范论纲［J］. 中国法学，2019（6）.
② 秦前红，苏绍龙. 党内法规与国家法律衔接和协调的基准与路径：兼论备案审查衔接联动机制［J］. 法律科学（西北政法大学学报），2016，34（5）.

第三章

过失渎职犯罪的结果样态：实害结果与危险结果

犯罪结果不仅包括法益侵害这一现实的结果，还包括法益侵害的危险。① 早期，受法益保护原则及结果本位思想的约束，我国刑法理论认为过失犯罪以发生实际的法益侵害结果为犯罪成立的前提，即主张过失渎职犯罪为结果犯。近年来，预防刑法思潮兴起，以及结果本位向行为本位改变的理论趋势，消解了法益侵害结果在过失犯罪构成要件中的必要地位。行为人因过失致使法益陷入危险状态，即使尚未产生具体有形的法益侵害后果，也不能一概否定其违法性，过失危险犯在一定程度上得到承认。目前，我国对过失危险犯的接受几乎仅限于危害公共安全犯罪领域，渎职犯罪中是否存在过失危险犯鲜少有人论及。本章在坚持法益保护原则的前提下，探讨过失渎职犯罪法益侵害结果的实害样态及判断标准；从预防刑法的视角出发，基于过失危险犯的维度，分析过失渎职犯罪中危险犯存在的合理性，以及对过失渎职犯罪法益侵害危险的认定限制。

---

① ［日］前田雅英. 刑法总论讲义［M］. 曾文科，译. 北京：北京大学出版社，2017：
70.

第一节　实害结果：过失渎职犯罪结果样态的实然表现

　　过失渎职犯罪的实害结果是犯罪行为对法益造成的现实侵害，是过失渎职行为所制造的不被允许的风险现实化的结果。刑法对过失渎职犯罪的法益侵害结果有三种描述方式：遭受重大损失或遭受特别重大损失①、情节严重或情节特别严重②、造成严重后果或者特别严重后果③。然而，这种将结果划分为"损失""情节"和"后果"的三分方式，并不能明确地界定过失渎职犯罪的实害结果类型。例如，过失渎职行为给国家、社会和人民造成的经济利益损害，既可以认定为"损失"，同时也是一种"后果"。因此，本书不采用刑事立法中渎职结果分类描述方式，而是以过失渎职犯罪保护法益受到侵害后的表现形式为标准区分渎职结果的实害形态。通过对过失渎职犯罪案件立案标准和司法解释中所列举的结果的梳理，能够发现：过失渎职犯罪实害结果的形态表现有所不同，像经济损失、人身伤亡等结果均是具体有形的，而国家声誉受损、社会影响恶劣等结果则是抽象无形的。故而，可将过失渎职犯罪的法益侵害实害结果分为有形结果和无形结果。

---

① 第 397 条玩忽职守罪，第 399 条执行判决、裁定失职罪，第 406 条国家机关工作人员签订、履行合同失职被骗罪，第 408 条环境监管失职罪，第 412 条商检失职罪，第 413 条动植物检疫失职罪。
② 第 398 条过失泄露国家秘密罪，第 407 条违法发放林木采伐许可证罪，第 408 条之一食品、药品监管渎职罪，第 409 条传染病防治失职罪。
③ 第 400 条失职致使在押人员脱逃罪，第 408 条环境监管失职罪，第 408 条之一食品、药品监管渎职罪，第 419 条失职造成珍贵文物损毁、流失罪。

一、过失渎职犯罪有形结果的类型梳理及数量化计算标准

法益侵害结果形态的差异源于法益载体形态的不同。法益二元论视域下，超个人法益与个人法益有着本质区别，且超个人法益未必能还原为个人法益。这正是因为超个人法益在现实世界中的载体大多是抽象的（如国家安全、公共秩序），而个人法益的载体是实体的（如人身健康、个人财产）。因此，侵犯超个人法益的结果往往是无形的，侵犯个人法益的结果是有形的。不过，某些超个人法益的载体也可以是实体的。例如，公共财产并非个人财产的集合，但公共财产和个人财产的载体都是财产，两者受到侵害均会造成经济损失的有形结果；公共卫生健康也非个人卫生健康的总和，但公共卫生健康与个人卫生健康的实际载体都是个人，侵害公共卫生健康与侵害个人卫生健康都会造成人身伤亡的有形结果。在过失渎职犯罪的复合法益中，超个人法益为国家机关工作人员职务行为的规范性以及规范履行职务行为所保障的公共利益，个人法益则为公民的个人利益。其中，规范履行职务行为所保障的公共利益虽为超个人法益，但其在现实世界中的某些载体也是实体的，与个人利益的法益载体具有"同一性"。所以，若过失渎职行为侵犯的是有实体载体的、由国家机关工作人员规范履行职务行为所保障的公共利益或个人利益，便会出现有形法益侵害结果。

综合《刑法》分则第九章关于过失渎职犯罪的罪刑条文、最高人民检察院 2001 年发布的《人民检察院直接受理立案侦查的渎职侵权重特大案件标准（试行）》（以下简称《渎职重特大案件标准》）及 2006 年的《渎职案件立案标准》、"两高"于 2012 年联合发布的《关于办理渎职刑事案件适用法律若干问题的解释（一）》（以下简称《渎职案件司法解释（一）》）的相关规定，过失渎职犯罪有形法益侵害结果主要有以下几种类型：（1）造成经济损失；（2）危害人身健康、造

成人身伤亡；（3）导致单位停业、停产、破产；（4）导致重大疫情的发生、传播、流行、范围扩大或加重；（5）泄露国家秘密或遗失国家秘密载体；（6）林木被超限额采伐、滥伐或遭受其他形式的严重破坏；（7）发生食品、药品安全事故；（8）致使犯罪嫌疑人、被告人、罪犯脱逃及脱逃后实施打击报复行为或继续犯罪；（9）发生重大环境污染事故，造成土地、水源等严重污染；（10）致使珍贵文物损毁或者流失。

　　另外，鉴于有形法益侵害结果可量化的特点，渎职犯罪案件的立案标准和相关司法解释对某些过失渎职犯罪有形法益侵害结果规定了"量"的要求，以此作为量化违法性程度的判断依据。这意味着构成要件结果层面的过失渎职犯罪有形法益侵害结果采取的是"定性+定量"的模式，仅当有形法益侵害结果同时符合定性和定量要求时，该结果才具备过失渎职犯罪构成要件符合性。以国家机关工作人员签订、履行合同失职被骗行为造成的经济损失结果为例，《渎职案件立案标准》规定了30万元的入罪"门槛"，本罪的构成要件结果实为"30万元以上的经济损失"，如国家机关工作人员造成了30万元以下经济损失，则该过失渎职行为仅达到一般行政违法的程度，而不能认定为刑事犯罪。在计算过失渎职犯罪造成的经济损失数额时应当注意，按照《渎职案件立案标准》附则第4条的说明，经济损失不仅包括过失渎职行为直接导致的财产损毁或减少的实际价值，即直接经济损失，还包括因直接损失扩大、引起或者牵连出的其他间接经济损失。例如，过失渎职行为导致企业停产停业一年，这一年期间企业正常运营本可获得的收益应当作为间接经济损失计算在经济损失的数额内；又如失职致使在押人员脱逃，为追捕脱逃的在押人员以及为恢复脱逃人员出逃区域正常社会秩序所造成的各种开支、费用，也应作为过失渎职行为造成的间接经济损失计算在损失总额内。人身伤亡结果的计算可以参见《渎职案件立案标准》为环境监管失职罪设定的数量标准。环境监管失职行为致使"人员严重中毒"这一法益侵害结果须达到"30人以上"的数量标准，不符合"30人以上"数量要求的人身侵害结果便不符合本罪的结果构成要件，在判断构成要件符合性的阶段可把该环境监管失职行为排除在犯罪范围之外。其他有形结果的数量计算均较为明确，如按照国家秘密的件数累加计算国家秘密被过失泄露的数量，以被伐林木体积为单位计算违法发放林木许可证造成的超限额采伐后果，环境污染事故以受污染的土壤、水源面积为量化对象等。只有失职造成珍贵文物损毁、流失罪未对文物件数作出要求，而是以文物的保护级别为标准衡量损失的价值。

二、过失渎职犯罪无形结果的范围限制及违法性程度限制

在过失渎职犯罪的复合法益中，超个人法益为国家机关工作人员职务行为的规范性以及规范履行职务行为所保障的公共利益。其中，职务行为规范性依附于行政法规范、党内法规制度等为规范国家机关工作人员职务行为所设立的各种制度规范这类抽象载体，公共利益这一超个人法益通过公共秩序等抽象载体与现实世界建立联系，侵犯上述法益将出现无形法益侵害结果。《渎职案件立案标准》以及《渎职案件司法解释（一）》中规定的过失渎职犯罪无形法益侵害结果主要有：（1）损害国家声誉；（2）造成恶劣的社会影响；（3）引起国际贸易纠纷、影响国家对外经贸关系；（4）影响生产、生活秩序。需要注意的是，这四种无形法益侵害结果的类型划分也是相对的，损害国家声誉、影响对外关系、扰乱社会秩序都能够被评价为"恶劣的社会影响"。在实务界，国家声誉、政府公共形象、政府威信和社会信用体系、司法公正、市场经

济秩序、社会公共秩序以及国际经贸关系等①遭受严重损害，均视为过失渎职犯罪的无形法益侵害结果。

　　由于过失渎职犯罪无形法益侵害结果具有不可视、不可量化的特征，刑事立法无法像对有形法益侵害结果那样，明确地进行定性、定量，以指导司法工作人员判断无形法益侵害结果。从现有的公开过失渎职犯罪裁判文书来看，公诉机关在举证无形法益侵害结果时，论证通常并不充分，法院在认定无形法益侵害结果时，说理部分同样也较为薄弱。比如，国家声誉受到损害的表现是什么、何种程度的社会影响能够被评价为"恶劣"，判决书中鲜少针对这些问题作出详细说明。有观点认为，以无形法益侵害结果为结果构成要件的渎职犯罪，往往渎职行为一经实施，无形结果便也随之产生，只要查明渎职行为事实，就可以认定发生了无形法益侵害结果。② 但这种观点显然不可取。刑罚权启动的正当化事由唯"对法益的侵害达到一定的严重程度"③，过失渎职犯罪无形法益侵害结果的认定同样要遵循两个基本评价维度：一是考察超个人法益是否真正遭到侵害，以此判断过失渎职行为是否切实造成了无形法益侵害结果；二是衡量过失渎职行为对超个人法益的侵害程度是否值得发动刑事制裁。尽管在司法实践及刑法理论中，对过失渎职犯罪无形法益侵害结果的认定存在一定程度的随意性，但这并不意味着无需对其进行特别认定。相反，对其认定条件理当更加严格，入罪标准的"门槛"也要更高。应以法益理论为依据，从范围和程度两个层面对过失渎职犯罪无形法益侵害结果的认定加以限制。

　　过失渎职犯罪无形法益侵害结果的范围限制，是指并非所有由过失

---

① 贾健，彭辉. 应以法益理论认定渎职犯罪"非物质性损失"[J]. 人民检察，2017（13）.

② 包健. 渎职罪研究[D]. 上海：华东政法大学，2008：56.

③ 劳东燕. 风险社会与变动中的刑法理论[J]. 中外法学，2014，26（1）.

渎职行为造成的无形影响都属于无形法益侵害结果。法益理论对无形结果范围的限制机能表现为，只有承载职务行为的规范性以及规范履行职务行为所保障的公共利益等超个人法益的抽象载体状态的负面改变，才能够被认定为过失渎职犯罪的无形法益侵害结果。以国家机关工作人员过失渎职行为被媒体曝光，进而对国家机关的形象产生负面冲击的现象为例，在司法审判中，曾有将媒体曝光认定为过失渎职犯罪无形法益侵害结果的范例："被告工作严重不负责任，致使……负面报道多次刊登在网络媒体上，严重损害了国家审判机关的声誉和威信。"[1] 媒体监督是公权力外部监督的重要一环，过失渎职行为经媒体报道，对国家机关工作人员端正工作态度、规范履行职务行为具有积极意义。有观点认为，媒体曝光使国家机关工作人员的渎职行为被一定的群体知悉，造成政府机关及其工作人员公信力下降，即可认定为造成恶劣的社会影响。[2] 但若媒体的报道并无夸大、伪造成分，将正常、客观的媒体报道评价为"损害国家机关声誉""恶劣的社会影响"，无疑是对宪法所赋予的言论自由基本权利的挑战。必须厘清的是，在"媒体曝光过失渎职行为降低国家机关公信力、损害国家声誉"这一命题中，"国家机关公信力""国家声誉"是承载职务行为的规范性以及规范履行职务行为所保障的公共利益等超个人法益的抽象载体，"降低国家机关公信力""损害国家声誉"才是抽象载体状态的变动，是过失渎职犯罪的无形法益侵害结果，而媒体曝光既非对法益施加侵害的原因力，也非法益遭受侵害的具体表现，因此不能把过失行为遭到媒体曝光纳入过失渎职犯罪无形法益侵害结果的范畴。

过失渎职犯罪无形法益侵害结果在违法性程度的认定上，同样受到

[1] 白山市浑江区人民法院（2014）浑刑初字第 209 号刑事判决书。
[2] 王杨. 渎职罪的基本理论问题研究［D］. 武汉：武汉大学，2014：41.

法益理论的限制。只有当过失渎职行为对超个人法益的侵害达到了值得启动刑事制裁的程度时，该过失渎职行为造成的无形结果才能被称为无形法益侵害结果，即犯罪构成要件意义上的结果。首先，在过失渎职犯罪案件中，无形结果往往是有形法益侵害结果的伴生结果，这种情形下，可以依据有形法益侵害结果的"量"来评价无形结果的违法性程度。例如，出入境检验检疫机关工作人员严重不负责任，延误检疫物出证，致使该批重要的出口产品超过了合同约定的交货时间，这一过失渎职行为可能造成我国企业的重大经济损失、引起国际经济贸易纠纷并损害我国的国家声誉。《渎职案件立案标准》规定，动植物检疫失职行为的有形法益侵害结果之一为造成法人直接经济损失 30 万元以上或间接经济损失 150 万元以上。当有形法益侵害结果达到该数额标准时，可以同时认定该过失渎职行为造成的无形法益侵害结果达到了社会影响恶劣、损害国家声誉的程度。其次，过失渎职犯罪案件中未出现有形法益侵害结果、仅存在无形结果时，则需对无形结果的影响是否达到刑法意义上的"严重"或"恶劣"程度进行单独判断。在审判实践中，常将国家机关工作人员过失渎职行为导致权益受损的人民群众上访，行为作为过失渎职犯罪的无形法益侵害结果："被告严重不负责任，不履行自己的职责……导致部分被害人群体上访，造成了恶劣的社会影响。"[1] 信访制度是一种特殊的行政救济制度，是行政相对人争取权利救济的正当渠道之一。[2] 与司法救济和其他行政救济途径相比，信访制度的救济程序、救济手段都具有极大的不确定性，这使得不少信访人采用围堵国家机关办公区域、在公共场所自残自杀等极端方式，严重扰乱了正常的信访工作秩序和社会秩序，[3] 这也是审判机关最初将上访认定为造成恶

---

① 公安县人民法院（2016）鄂 1022 刑初 292 号刑事判决书。

② 应星. 作为特殊行政救济的信访救济［J］. 法学研究，2004（3）.

③ 杨小军. 信访法治化改革与完善研究［J］. 中国法学，2013（5）.

劣社会影响等法益侵害结果的原因。但根据 2022 年中共中央、国务院印发的《信访工作条例》规定，只要信访人上访的目的与事由正当、期限合理、内容真实且遵守信访秩序，即便采取群体上访、越级上访的形式，也不构成非法上访，国家机关的声誉没有减损，社会秩序也未被破坏，因此这类正当维权上访行为不属于过失渎职犯罪无形法益侵害结果的范畴。反之，若信访行为超越正当限度，存在《信访工作条例》第 26 条列举的非法聚集，携带危险品，暴力对待国家机关工作人员，在信访接待场所滞留、滋事等行为，足以破坏社会秩序、危害社会安定、有损国家声誉，即过失渎职犯罪法益的抽象载体发生了明显的负面变化，便可认定为过失渎职犯罪的无形法益侵害结果。

第二节　危险结果：过失渎职犯罪结果样态的应然延展

我国传统刑法坚持把客观上发生危害结果作为过失犯罪的成立要件，如果没有现实的危害结果发生，即使犯罪客体受到严重威胁或存在侵害危险，过失犯罪也不能成立。[①] 一方面，这种结论是建立在传统刑法理论对犯罪结果的认识基础上的，传统刑法理论所指的犯罪结果是刑法规定的实害结果，[②] "可能发生的风险"不属于犯罪结果的范畴；另一方面，在工业化、信息化不发达的年代，犯罪所能造成的危害结果类型相对单一，人们能够预料到事故的最坏可能性，处罚结果犯已然能够在很大程度上实现对犯罪客体的保护。但在被称为"风险社会"的当

---

① 侯国云. 过失犯罪论 [M]. 北京：人民出版社，1993：83-84.
② 苏惠渔. 刑法学 [M]. 北京：中国政法大学出版社，1997：83.

下，新型的风险和灾难不断涌现，有些风险结果及其破坏程度难以推算。① 犯罪在新技术的加持下变得复杂，具有高度危险性，一旦犯罪行为实施并对法益造成了侵害威胁，出现重大法益侵害结果的概率就极高。② 面对这种情形，刑法的积极预防功能得到重视，刑法对法益保护的时间节点可以提前至法益受到侵害危险时，这种对法益进行超前保护的刑法就是预防刑法。"风险社会中，刑法的目的不再是抗制犯罪，而在于为援助政策、环境政策、健康政策以及外交政策提供辅助性的支持，逐项对具体法益侵害的报应促使了大面积对问题情境的预防。"③ 从预防刑法的视角来看，法益侵害危险被视为实害的先前阶段，若不及时阻断危险任由其继续发生，则实害极有可能发生，危险状态继续升高，则危险犯就极有可能转化为实害犯。④ 因此，法益侵害风险也成为构成要件结果，与法益侵害结果并存，过失犯的结果也可能以法益侵害危险的形态出现。

一、法益侵害危险在过失渎职犯罪中的结果属性证成

（一）作为构成要件结果的具体危险与作为违法结果的抽象危险

按照传统过失犯理论，刑事责任只有在结果发生时成立，即在过失未引起结果的情形时，刑法不具备强力威吓效果。但过失行为是否引起危害结果是偶然的，这使得同样的危险行为，其刑事责任却由于偶然的后果而部分成立，部分不成立。是以不论是基于正义或是刑法的威吓效

---

① BECK U. From Industrial Society to the Risk Society: Questions of Survival, Social Structure and Ecological Enlightenment [J]. Theory Culture & Society, 1992, 9 (1).
② 王良顺. 预防刑法的合理性及限度 [J]. 法商研究, 2019, 36 (6).
③ [德] 希尔根多夫. 德国刑法学：从传统到现代 [M]. 江溯, 黄笑岩, 等译. 北京：北京大学出版社, 2015：248.
④ 林山田. 刑法通论 [M]. 北京：北京大学出版社, 2012：157.

果，都同样要求过失犯刑事责任成立的关键时刻应该是在法益侵害危险形成的时候而不是等到实害结果出现。① 法益侵害危险是指犯罪行为造成法益侵害结果的可能性，是法益面临侵害威胁、但尚未产生现实化侵害结果的状态。根据法益受到的威胁与现实法益侵害结果出现之间距离的不同，法益侵害危险又被区分为具体危险和抽象危险。具体危险的法益侵害威胁距离现实法益侵害结果的出现已经非常接近，具体危险是一种已经存在的具体危险状态，在这种危险状态之下，法益侵害结果的发生是可以被预见的，因此，具体危险属于结果危险，并被接纳为构成要件结果的类型之一。

抽象危险的法益侵害威胁距离现实法益侵害结果的出现则较远。刑法在行为人实施具有危险性的行为时就提前介入，阻断了法益侵害危险朝着现实侵害结果转化的进程。正是由于刑法在犯罪行为的实施阶段介入并发挥作用，抽象危险被认为是"以危险行为作为处罚对象"②。较于具体危险的结果性倾向，抽象危险则更倾向于是一种行为危险。将抽象危险视作行为危险存在突破法益保护原则的弊端。虽然预防刑法扩大了国家刑罚权的适用范围，但其基本价值取向却未脱离法益保护原则。③ 法益保护原则要求犯罪行为造成法益侵害或威胁，而抽象危险最终可能并不引起现实损害或不会将法益置于具体危险的状态。有论者主张，抽象危险的不法是一种法律拟制的行为不法，如果某种行为被法律确认为抽象危险，则无论该行为在实际中有无危险性，都可依据法律的

---

① 许迺曼. 过失犯在现代工业社会的捉襟见肘 [C] //许玉秀，陈志辉. 不移不惑献身法与正义：许迺曼教授刑事法论文选集. 台北：公益信托春风煦日学术基金，2006：521.

② 苏彩霞. "风险社会" 下抽象危险犯的扩张与限缩 [J]. 法商研究，2011，28（4）.

③ 刘艳红. 积极预防性刑法观的中国实践发展：以《刑法修正案（十一）》为视角的分析 [J]. 比较法研究，2021（1）.

形式规定推定其具有危险。① 据此，抽象危险犯的成立乃是出于对法律规范的违反而非对法益的侵害，这大大降低了抽象危险犯的入罪门槛，导致一些确实未造成任何法益侵害的行为受到不当的刑事处罚。事实上，刑法之所以对危险行为进行处罚，概因"从一般生活经验上看，该种行为具有发生侵害法益结果的重大危险"②。抽象危险是刑法总结并类型化的可能发生的重大危险，这种危险发生的高度盖然性决定了抽象危险的不法基础仍是行为可能造成的法益侵害结果。抽象危险犯的刑事立法目的归根到底是预防法益侵害结果的出现，所以抽象危险不是行为本身蕴含的危险，而是行为创设的一种结果危险。

受预防刑法观的影响，在过失犯罪领域内，具体法益侵害危险和抽象过失法益侵害危险的结果属性均得到了一定程度的承认。具体法益侵害危险是构成要件结果，以具体危险为构成要件结果的犯罪被称为具体危险犯，罪责条文须明确规定具体危险的内容，且法官应判断个案中是否存在法定的具体危险。③ 从这个层面来看，具体危险犯其实是结果犯。④ 以抽象法益侵害危险作为成立要素的犯罪为抽象危险犯，抽象危险犯的罪责条文对抽象危险并不做列举或描述，仅规定实施法定行为即可推定抽象危险的存在，法官也无需证明抽象危险的内容。因此，如果把犯罪结果理解为犯罪构成要件结果，则抽象法益侵害危险并不属于构成要件结果层面上的结果。过失抽象危险犯的刑事可罚性不以具体法益结果的发生或导致法益处于具体危险状态之中为前提，这是预防刑法法

---

① 高巍. 抽象危险犯的概念及正当性基础［J］. 法律科学（西北政法大学学报），2007（1）.

② 黎宏. 论抽象危险犯危险判断的经验法则之构建与适用：以抽象危险犯立法模式与传统法益侵害说的平衡和协调为目标［J］. 政治与法律，2013（8）.

③ 李兰英. 论危险犯的危险状态［J］. 中国刑事法杂志，2003（2）.

④ 陈兴良. 过失犯的危险犯：以中德立法比较为视角［J］. 政治与法律，2014（5）.

益保护提前化、刑罚处置提前化的表现,① 也是预防刑法观对犯罪结果内涵的扩展——犯罪结果应当被理解为违法结果,即法益受到犯罪行为侵害或威胁的外在彰显。② 违法结果既可以是构成要件结果,也可以是构成要件结果以外的不法结果。抽象过失危险犯没有规范意义上的构成要件结果,但抽象法益侵害危险的本质是一种结果危险,属于预防刑法中的违法结果。通过以上梳理,可作如下总结:在预防刑法视角下,法益侵害结果与法益侵害危险皆是犯罪结果,法益侵害结果与具体法益侵害危险同为狭义的构成要件结果,抽象法益侵害危险则是广义上的违法结果。根据我国学理通说,刑法典没有在渎职犯罪中设置过失危险犯,③ 不过《中华人民共和国刑法修正案(十一)》(以下简称《刑法修正案(十一)》)对刑法第408条之一食品、药品监管渎职罪的修订,动摇了"渎职犯罪中不存在危险犯"这一结论;另外,从《渎职案件立案标准》《渎职案件司法解释(一)》等司法解释的规定来看,第398条过失泄露国家秘密罪的犯罪结果中也包含了抽象法益侵害危险。

(二)现行刑法中过失渎职犯罪危险结果的立法表现

《刑法修正案(十一)》颁布前,《刑法》第408条之一为食品监管渎职罪,以发生重大食品安全事故或其他严重后果为构成要件结果,过失的食品监管渎职罪是典型的过失结果犯。《刑法修正案(十一)》

---

① 王永茜. 抽象危险犯立法技术探讨:以对传统"结果"概念的延伸解释为切入点[J]. 政治与法律, 2013(8).

② 于冲. 二元处罚体系下过失危险犯的教义学考察:以妨害传染病防治罪为视角[J]. 法学评论, 2020, 38(6).

③ 一般认为我国的过失危险犯仅存在于危害公共安全犯罪领域。参见刘仁文. 过失危险犯研究[M]. 北京:中国政法大学出版社, 1998;储槐植, 蒋建峰. 过失危险犯之存在性与可存在性思考[J]. 政法论坛, 2004(1);王志祥, 马章民. 过失危险犯基本问题研究[J]. 河北法学, 2005(5);马松建. 过失危险犯比较研究[J]. 郑州大学学报(社会科学版), 2000(4).

将药品监管渎职犯罪增设进该条，并列举了负有食品药品安全监督管理职责的国家机关工作人员的四种具体渎职情形。其中，可以在过失心态下实施的是第2—4款规定的"对发现的严重食品药品安全违法行为未按规定查处""在药品和特殊食品审批审评过程中对不符合条件的申请准予许可"以及"依法应当移交司法机关追究刑事责任而不移交"的行为。本罪的保护法益为食品药品安全，现实的法益侵害结果表现为发生严重的食品安全事故或药品安全事件。上述过失渎职行为与法益侵害结果之间不存在必然因果关系，只是依据司法实践经验，国家机关工作人员实施这类过失渎职行为后，极有可能发生严重食品药品安全事件，即过失渎职行为具有危害食品药品安全的抽象危险。因此，刑法提前介入处罚过失渎职行为，目的在于阻断抽象法益危险的发展，避免食品药品安全事件的最终发生。与修订之前的条文规定相比，《刑法修正案（十一）》明显取消了将现实法益侵害结果作为食品、药品监管渎职罪构成要件结果的必要性，体现了对抽象法益侵害危险的提前处置，是预防刑法在过失渎职犯罪领域发挥风险防控作用的重要尝试。

过失泄露国家秘密罪的结果一般为现实的法益侵害结果——造成国家秘密泄露达一定数量。《渎职案件立案标准》第4条对此作了泄露绝密级国家秘密1件以上、机密级3件以上或秘密级4件以上的数量要求。除现实的法益侵害结果之外，《渎职案件立案标准》第4条第5款还特别规定"遗失国家秘密载体，隐瞒不报、不如实提供有关情况或者不采取补救措施的"应予以立案。国家机关工作人员过失遗失国家秘密载体并不必然导致其中载有的国家秘密遭到泄露，该载体遗失后并未被他人获得、载体的加密技术足够安全致使所载秘密未被破译等情形均可保持国家秘密处于不被他人知悉的安全状态。载体的遗失意味着国家秘密有泄露的危险，国家工作人员在过失遗失载体后不报、不采取补救措施等行为，是放任国家秘密继续处于可能遭到泄露的危险状态，所以该结果为法益侵害风险，且属于抽象法益侵害风险。《保守国家秘密法》第 48 条规定，国家机关工作人员违反保守国家秘密的基准职务行为之要求而构成犯罪的，应依法追究刑事责任，故国家机关工作人员在非法获取或持有、买卖、转送、私自销毁、通过普通快递或其他无保密措施的渠道传递国家秘密载体时，又或在邮寄、托运国家秘密载体出境或未获相关主管部门许可携带、传递国家秘密载体出境时过失遗失国家秘密载体，导致国家秘密存在泄露危险且事后不报、不采取补救措施放任危险继续存在的行为，成立过失泄露国家秘密罪。

二、危险结果在过失渎职犯罪中的合理存在空间探讨

预防刑法为过失犯罪的结果样态由法益侵害结果延展至法益侵害危险提供了有力支撑，体现了法益从限制国家刑罚权的发动到证立国家刑罚权扩张的合理性之功能转变。[①] 一方面，将法益侵害危险视为过失犯罪的结果并对其进行预防性处罚，可以有效控制风险、避免实害结果的发生。从各国立法实践来看，将过失犯罪的刑事处罚节点提前至出现法益侵害危险时的做法已非个例。例如，《巴西刑法典》第 256 条规定，对过失引起建筑或其他倒塌而将他人生命、身体或财产置于危险境地的行为进行处罚；《意大利刑法典》第 450 条规定，处罚因过失而引发铁路车祸、水患水灾、船毁船沉或其使他浮动建造物有沉没之危险者。[②] 我国刑法对过失渎职犯罪的结果认定以法益侵害结果为主，只有过失渎职行为造成严重利益损失、声誉损失等有形或无形结果才成立犯罪。从《渎职重特大案件标准》对过失渎职犯罪结果的数量及程度要求来看，特别重大的过失渎职案件往往造成死亡或重伤数十人、经济损失数百万

---

① 何荣功. 预防刑法的扩张及其限度 [J]. 法学研究，2017，39 (4).
② 张波. 罪过的本质及其司法运用 [M]. 北京：法律出版社，2014：160.

的后果，法益侵害结果的严重性未必逊于危害公共安全犯罪。因此，顺应预防刑法的潮流，在过失渎职罪中设置危险犯以防范重大过失渎职事故的设想，得到了部分学者的支持。《刑法修正案（十一）》对食品、药品监管渎职罪的修改，便是过失渎职危险犯在立法上的一次突破。另一方面，在法益尚未受到现实侵害时即对法益侵害危险进行超前处罚的"刑法介入早期化"特点，决定了预防刑法重社会秩序与安全的维护、轻公民自由与权利的保障之价值偏向。① 基于预防刑法易于违反谦抑性的倾向，学界对其扩张一直持相对保守的态度，过失渎职危险犯尤其是抽象危险犯的设立应受到严格限制，并非任意过失渎职犯罪都能够将法益侵害危险作为犯罪结果。

（一）过失渎职犯罪中具体危险结果的设置

具体法益侵害危险是过失具体危险犯的构成要件结果，须由立法者在刑事立法中明确，由司法者在刑事诉讼程序中确证。这种双重保障使得具体法益侵害危险的存在一直被圈定在较为固定的小范围内。现行刑法中各过失渎职犯罪的构成要件结果里不包含具体法益侵害危险，随着现代社会风险种类的增加和风险造成转化为法益侵害结果的严重性加剧，特别是在新冠疫情席卷全球的时代背景之下，可以在涉及传染病防治或危害不特定多数人生命健康的过失渎职犯罪罪名中，增设具体法益侵害危险作为构成要件结果。

其一，可在《刑法》第409条传染病防治失职罪中增设具体危险结果。我国刑事立法要求，传染病防治失职罪的成立需具备"造成传染病传播或者流行"的实害性后果。从国内外新冠疫情的防治经验来看，一旦超级传染病传播、流行开来并造成实害性法益侵害结果，则损

---

① 房慧颖. 预防刑法的天然偏差与公共法益还原考察的化解方式 ［J］. 政治与法律，2020（9）.

失难以估量、不可挽回。因此，当国家机关工作人员因过失渎职导致丙类以上传染病存在传播、扩散可能性的，刑法可提前介入进行处置。疫情报告机制经完善并运行实施后，负有传染病防治职责的国家机关工作人员在日常监管工作中接到疑似传染病暴发或有扩大加重趋势的报告应当立即展开调查核实，及时发布相应的防范处理对策并向上级机关报告。若行为人在接到报告后未及时核查处理，使得一定地区面临传染病暴发危险或疫情范围扩散、疫情程度加重危险的，也应以传染病防治失职罪论处。这样做可以督促政府卫生主管部门工作人员恪尽职守，及时发现传染病流行势头并采取相应防范措施，尽可能降低灾难性疫情发生与扩散的概率。

其二，可在《刑法》第412条商检失职罪中增设具体危险结果。入境检验检疫机关、检验检疫机构工作人员，因对检疫物检验失职致使不合格的食药品、医疗器械等商品出入境，只有在造成严重危害生命健康的法益侵害结果时才成立商检失职罪。本书认为，检验检疫工作人员因严重不负责任未检验或错误检验，致使上述不合格商品入境后，若该批不合格商品尚未流通进入销售渠道即被发现或追回，消费者没有机会购买、接触不合格商品，商检失职行为未将不特定多数人的生命健康置于具体危险状态，则不成立犯罪；若不合格商品已经流通进入销售渠道，消费者可以随时购买、使用产品，则此时公共生命健康已然处于可能受到侵害的具体危险之中，出于对公共安全这一重大法益的预防性保护，刑法应将这种具体法益侵害危险纳入商检失职罪的构成要件结果范围。

其三，可在《刑法》第413条动植物检疫失职罪中增设具体危险结果。现行刑法规定，检验检疫工作人员检疫失职，致使检疫物出入境造成人员重伤或者死亡或导致重大疫情发生、传播、流行等的结果成立本罪。在发生人员伤亡或疫情传播等现实法益侵害结果后才进行惩处，对法益的保护过于滞后。宜以不合格的检疫物流通至公众可接触的环境中并使不特定多数人的生命健康处于具体危险状态作为刑法介入的节点，过失检疫失职行为造成具体法益侵害危险的也可以成立动植物检疫失职罪。

（二）过失渎职犯罪中抽象危险结果的设置

抽象法益侵害危险立法定位的工具性和司法适用的便宜性，容易使抽象法益侵害危险挣脱法益保护原则的框架，沦为利益群体通过经济、技术、政治地位等优势力量影响立法，向社会输出于己有利的规范价值观念的工具。[①] 因此，在过失渎职犯罪的结果中设定抽象法益侵害危险应格外慎重。

首先，抽象法益侵害危险中的"法益"只能是重大超个人法益。预防刑法刑事处罚提前化的制裁严厉性更甚于传统刑法，值得动用预防刑法进行提前保护的法益必须是一部分最重要、较之于其他法益更具保护价值的法益。"一部分法益"意味着不能不加以区分地将针对所有法益的侵害威胁都认定为抽象法益侵害危险，因为过度预防就是无效预防，抽象法益侵害危险的适用范围无限扩张至所有犯罪会导致刑法失效甚至有害。[②]"更具保护价值"则是要在不同类型的法益之间作出价值比较：国家安全、社会秩序稳定等超个人法益与个人法益相比是更高等级的保护法益，在超个人法益稳定、安全的前提下，个人法益方有存在和实现的可能；社会法益、集体法益等超个人法益与个人法益相比，对不特定多数人的利益造成侵害威胁的危险性也同样高于针对具体个人的法益侵害危险；在公共利益这一超个人法益中，生命法益与财产法益相

---

① 谢杰，王延祥. 抽象危险犯的反思性审视与优化展望：基于风险社会的刑法保护 [J]. 政治与法律，2011（2）.

② 姜涛，柏雪淳. 刑法中抽象危险犯的立法限缩路径研究 [J]. 中国高校社会科学，2021（2）.

比，前者毫无疑问更重要、更具保护价值。因此，唯有对重大超个人法益造成的法益侵害危险，才有资格被刑法认定为抽象法益侵害危险。过失渎职犯罪均侵犯了职务行为履行的规范性这一超个人法益，故而在职务行为规范性之外，仅侵犯个人法益或仅侵犯财产性法益的过失渎职犯罪中不宜设定抽象法益侵害危险为犯罪结果。

其次，抽象法益侵害危险必须有向现实法益侵害结果转化的可能性，且是转化为有形法益侵害结果的可能性。刑事立法已在过失泄露国家秘密罪和食品、药品监管渎职罪中规定了法益侵害危险，此外还可以考虑在环境监管失职罪中设立法益侵害危险的犯罪结果。环境监管失职罪以重大环境污染事故的发生为成立要件，重大环境污染事故在对生命健康、经济财产等人类法益造成侵害的同时还会侵害环境法益，法益侵害结果一旦出现，则损失重大且环境法益受到侵害后未必能够恢复。为避免重大环境污染事故的发生，刑法在抽象环境污染危险出现时即介入、惩治环境犯罪抽象危险犯的呼声渐高。环境污染事故的发生既有行为人实施污染行为的原因力，也有环境监管工作人员监管失职的原因力，预防刑法不仅要对污染环境的行为人进行提前处罚，也要对环境监管失职的国家机关工作人员进行提前处罚。负有环境监管职责的国家机关工作人员严重不负责任，对行为人监管不力、放任行为人对环境法益造成抽象法益侵害危险的，行为人构成相关污染环境罪，负有监管职责的国家机关工作人员构成环境监管失职罪。

过失渎职犯罪是行政犯，应警惕将单纯违反前置行政法的情形评价为抽象法益侵害危险的立法倾向。有论者指出，《刑法修正案（十一）》在食品、药品监管失职罪中增设的"应依法移交司法机关追究刑事责任而不移交"行为违反了《食品药品行政执法与刑事司法衔接工作办法》的相关规定，该行为是否必然侵害食品药品安全有待商榷。① 在我国行政违法与刑事犯罪二元分立的立法模式下，若过失渎职行为违反前置行政法而不具备导致法益侵害结果发生的高度盖然性，应考虑将其认定为行政不法而非刑事犯罪，更不可通过刑法直接将其拟制为抽象法益侵害危险。

---

① 刘仁文，王林林. 食品药品监管渎职罪立法评析及司法适用：以《刑法修正案（十一）》为视角［J］. 法治研究，2021（2）.

第四章

过失渎职犯罪的结果归属：事实归因与客观归责

对结果犯而言，犯罪的结果责任归属是指犯罪结果对于行为人的客观归属性，[①] 若犯罪结果的发生是行为人所实施的特定行为的"产物"，则行为人在客观上应为犯罪结果"负责"。在明确行为是引起结果的必要条件之后，还要审查该结果的发生能否从规范层面归咎于行为人的行为，就因果关系是否具有"法秩序价值上的重要性"进行规范性判断。[②] 故过失渎职犯罪的结果归属以事实归因与客观归责结构的二分为前提，其中归因着眼于分析某个结果的必要条件，而归责重在评价哪一个条件要被刑法规范所考量。[③] 法秩序禁止制造对法益而言不被允许的风险，如果行为人在侵害法益结果中实现了由其行为所创设的不被允许的风险，那么，这种风险的制造和实现就要作为一种符合构成要件的行为归属于该行为人。[④] 客观归责理论以允许的风险理论为展开基点，从行为不法和结果不法两个角度给出了过失渎职犯罪构成要件结果在规范

---

① 陈兴良．从归因到归责：客观归责理论研究 [J]．法学研究，2006（2）．

② 孙运梁．客观归责理论的引入与因果关系的功能回归 [J]．现代法学，2013，35（1）．

③ 童德华．刑法中客观归属论的合理性研究 [M]．北京：法律出版社，2012：124．

④ ［德］罗克辛．构建刑法体系的思考 [M]．蔡桂生，译．刑事政策与刑法体系．北京：中国人民大学出版社，2011：72．

层面可归属于作为条件行为的过失渎职行为的判断规则：① 从行为不法的视角来看，过失渎职行为须制造了不被允许的风险；从结果不法的视角来看，该结果应是过失渎职行为所创设的不被允许的风险之实现。本章从归因层面探讨过失渎职犯罪条件行为的识别，从数个引起结果发生的条件中析出国家机关工作人员的过失渎职行为是否为引起渎职结果发生的条件行为；从归责层面探讨过失渎职结果的客观归属，借助客观归责理论评价"客观上发生的事件能否被认为是行为人透过违反刑法规范而实现之不法"②，甄别过失渎职行为是否制造并实现了不被允许的风险，从而判断过失渎职行为是否为引起规范保护目的范围内渎职犯罪结果发生的构成要件行为。

第一节 事实归因阶段导致渎职结果发生的条件行为之识别

有观点认为，在民主政治的机理下，渎职犯罪的因果关系须作特殊解释。出于安抚普通民众的目的，国家机关工作人员应在其职责范围内，对重大、人为的灾难性事件承担一种风险刑事责任，不管其渎职行为对渎职结果的发生是否具有"必要条件"的因果联系，国家机关工

---

① 客观归责理论包含三个基本判断规则，在具备制造并实现不被允许的风险基础上，还须证明条件行为在刑法所规定的构成要件的效力范围之内，否则亦应排除结果责任之归属。构成要件的效力范围主要适用于排除故意犯的归责，德国刑法学界的通说认为参与他人故意的自伤，被害人承诺以及第三人责任范围以及后遗的伤害等情形均可依构成要件效力范围的原则排除归责。过失渎职犯罪几乎无涉构成要件效力范围之判断，故本书不对该规则作专门探讨。

② 周漾沂. 从客观转向主观：对于刑法上结果归责理论的反省与重构 [J]. 台大法学论丛，2014，43（4）.

作人员均有可能因其渎职行为承担刑事责任。① 这种观点无疑违背了现代刑法的罪刑法定原则。刑罚权的内容与范围必须由刑法明文规定并以犯罪成立为前提，谨慎而精确地发动，不容假借政治权力之名肆意扩张。② 而犯罪的成立，尤其是结果犯的成立，又以行为与结果之间存在因果关系为前提。行为符合科学原理或经验法则的引起结果的发生即为结果的条件行为，可以肯定结果在事实层面归属于条件行为。仅当过失渎职行为与结果之间存在事实上的因果关系时，对过失渎职行为的主体，即国家机关工作人员进行客观归责才具备合理性基础。

一、过失渎职行为得以认定为条件行为的识别依据

刑法因果关系理论的支配性学说是条件说。该学说由奥地利学者格拉赛（Julius Glaser）首倡，后经德国法官布利（Buri）充实并应用于司法审判实践之中。其核心思想是：若无该行为则无该结果之发生，则该行为是引起结果发生的必要条件。③ 据此，得以判定条件行为与结果之间存在刑法上的因果关系。条件说"若无前者，则无后者"的判断准则将引起结果 X 发生的一切行为 A1、A2、A3……An 都视为原因，只要 A 的原因力>0，即视 A1＝A2＝A3＝……＝An。④ 申言之，引起结果发生的所有条件行为都被平等地视为刑法中的原因，而不论各条件行为原因力的大小、直接或者间接，更无关行为人主观方面的差异。⑤ 故条件说也被称为"同等说"或者"等价说"。现实中的各种行为不可能真

---

① 冯亚东，李侠. 从客观归因到主观归责 [J]. 法学研究，2010，32（4）.
② 林山田. 刑法通论 [M]. 北京：北京大学出版社，2012：37.
③ 如无特殊说明，本章中的"条件"均指"必要条件"，"条件行为"也均指"必要条件行为"。
④ ［日］前田雅英. 刑法总论讲义 [M]. 曾文科，译. 北京：北京大学出版社，2017：113.
⑤ 张小虎. 刑法因果关系判断标准的反思与重构 [J]. 人民检察，2019（13）.

正"等价"，即使具体行为的原因力在"技术上无法量化"，也不意味着 A1、A2、A3……An 各行为的原因力在事实上"没有量化的区别"。① 针对条件说的缺陷，原因说指出应在引起结果的诸多条件中区分原因（cause）与条件（condition），只有原因与结果之间存在刑法上的因果关系，② 其他条件则单纯只是条件，不成为结果发生之原因。③ 至于何种条件行为能够被评价为原因行为，原因说内部曾有过优势条件说、最有力条件说、最终条件说、异常条件说、相当因果关系说等不同见解，其中相当因果关系说最具影响力。相当因果关系说否定了条件说的等价观点，认为在引起结果发生的无数个条件行为中，只有按照人们日常生活经验，存在有该行为一般就会发生该结果的相当关系时，该行为才是发生该结果的原因，与结果之间存在因果关联。④ 相当因果关系说在条件说筛选出的诸条件行为基础上，以"相当性"为判断依据"过滤"

① 王志远，张玮琦. 从"宏大叙事"到"视域融合"：刑法因果关系问题的诠释学分析［J］. 云南民族大学学报（哲学社会科学版），2021，38（1）.

② 蔡墩铭. 刑法总论（修订九版）［M］. 台北：三民书局，2011：124.

③ 经验主义哲学家密尔（John Stuart Mill）用这样一则案例来说明条件（condition）与原因（cause）的区别：受害人食用一种食物后身亡，若受害人不吃该食物就不会发生死亡结果，那么人们就倾向于说该食物是致使人死亡的"原因"。但该食物并非导致死亡结果的唯一因素，必须与其他条件结合才能导致死亡结果的发生，比如受害人的特殊体质或者受害人即时的健康状况甚至是当时特殊的环境状况。在该案例中，受害人死亡的原因可以被具体假设为"由于受害人具有食用花生即休克的过敏体质，其在食用花生这种食物后引发了严重休克以致死亡"。基于密尔的论述，单纯食用花生或受害人过敏体质都只能是引起死亡结果的必要条件，二者结合在一起才能称之为引起死亡结果的原因。"若无前者，则无后者"的条件公式判断得出的所谓条件是引起结果发生的必要条件，而原因则是结果的充分必要条件——一旦某要素被评价为是引起结果的原因，那么该原因即"引起"结果发生的条件，结果必然"伴随"原因的出现而发生，故原因对结果来说是一种充分必要条件。故从哲学因果关系视角出发，原因必定是条件，但条件并非都可以被评价为原因。MILL J S. A System of Logic, Ratiocinative and Inductive［M］. Toronto：University of Toronto Press, 1974：327-328.

④ 侯国云. 刑法因果关系新论［M］. 北京：中国人民公安大学出版社，2012：271-272.

出具有相当性的条件行为，即在引起 X 发生 A1、A2、A3……An 中，具备相当性的某 A 始终能成为 X 的原因。

　　行为与结果之间的因果关联，首先是一种近乎纯粹事实的、不以人的主观意志为转移的因果流程，客观事实的因果流程抽象到理论中，便是行为与结果之间引起与被引起的事实因果关系。然而，事实因果关系并非都具有法律意义，只有当处罚引起结果的行为能够起到一般预防行为人再次实施该行为的程度，事实因果关系才具有刑法上因果关系的效力。① 在承认"归因—归责"二分结构的前提下，行为与结果之间是否存在事实因果关系的判断属于归因范畴；行为是否应受刑法非难，即行为与结果之间是否存在刑法因果关系的规范判断，则属于归责范畴。条件说与相当因果关系说都旨在检验行为与结果之间是否存在"因果关系"，但未明确是要判断事实因果关系还是刑法上的因果关系，即条件说与相当因果关系说究竟是归因理论还是归责理论并不清晰。其次，按照条件说的公式识别出的是引起结果发生的条件行为，在条件说的理论场域内，只要行为是结果的条件行为即可认定因果关系存在；而相当因果关系说筛选出的是引起结果发生的原因行为，只有条件行为能够被评价为原因行为时才能认定因果关系存在。条件说与相当因果关系说的观点分歧，实际上是在追问归因阶段的最终目的究竟应当是识别条件行为还是原因行为。

　　"若无前者，则无后者"的条件公式以存在论意义上的行为与结果为判断对象，检验的正是行为与结果之间的事实因果关系。以条件行为的识别为主要功能的条件说，无疑是符合事实归因要求的归因理论。相当因果关系说以"相当性"为依据，从诸多条件行为中"过滤"出具有相当性的原因行为，则相当因果关系的性质就取决于"相当性"的

---

① 董玉庭. 从客观因果流程到刑法因果关系［J］. 中国法学，2019（5）.

评判标准。相当因果关系说的首创者冯·克里斯（Johannes von Kries）是从统计学的概率论中推导出相当性标准的，他以骰子每个点数被投掷出的次数约占投掷总数 1/6 的规律性频率为例证明了概率的客观性，并将这种客观概然性看作相当性的基础表征。若用客观概然性来陈述法律中的因果关联，则仅当被判断的条件是结果的必要条件且极大增加结果发生的客观概然性时，该条件对于结果的发生才具有相当性。① 克里斯的相关性理论将从概率上看有较大可能性导致结果发生的必要条件视为原因，且认为客观概然性是无涉人类主观认知的客观规律。假设克里斯的命题为真，则相当性的评价标准是客观的，那么原因行为与结果之间的因果关联本质上仍是近乎纯粹、客观、不以人的主观意志为转移的事实因果关联，原因行为本质上还是被具有高度概然性引起结果发生的条件行为。然而，统计学中的概率是在相同条件下经过数次实验得出的规律性总结，要以同样的前提测算刑法因果关系的概率却几乎是不可能的。比如，持菜刀砍杀人致死的概率，在砍杀部位、砍杀力度、刀具的锋利程度以及事后救助条件不同的情况下，受害人的死亡概率难以通过反复实验来测算总结。因此，克里斯所谓的"概然性"在法律领域是不可能完全客观的，刑法意义上的相当性判断无法完全排除人类经验认知。② 克里斯的支持者特雷格（Traeger）指出，"……在得出一个结论时，要考虑在判断时所有已知的法则和经验传授"③。相当性的判断虽然以客观概率为参照，但囿于人类对客观规律的认识，对于某些无法通过概率来把握的关联，最终还要依靠对法律规范和社会经验的理解来解

① ［美］哈特，奥诺尔. 法律中的因果关系［M］. 张绍谦，孙战国，译. 北京：中国政法大学出版社，2005：423-425.
② 邹兵建. 论刑法归因与归责关系的嬗变［M］//陈兴良. 刑事法评论：第 31 卷. 北京：北京大学出版社，2012：333.
③ ［美］哈特，奥诺尔. 法律中的因果关系［M］. 张绍谦，孙战国，译. 北京：中国政法大学出版社，2005：423-427.

决——"既然大家都这么认为,那么事实也应该如此"①。通常认为,若行为不是在"异乎寻常、十分不可能的、并且根据事物的通常进程应不予考虑的情况下"引发了一定结果,那么该行为可以被评价为具备相当性。②"异乎寻常""通常进程"等要素无一不是对人类社会价值取向和经验总结的反映,这证明相当性的判断标准已然突破了条件说创设的客观、纯粹的事实因果关系判断维度,原因行为与结果之间的因果关联也被规范要素渗透。通过相当性判断筛选出的原因行为毋宁是规范目的导向下的价值评价——而这种超越事实归因范畴的规范评价本该是在后续的归责阶段进行的。原因行为的识别属于归责的范畴,相应地,相当因果关系说应当是归责理论而非归因理论。归因阶段应采取条件说进行事实因果关系的判断,初步筛选出具备归责基础的条件行为。

在归因阶段进行条件行为的识别,不可避免要回应"条件说开启的因果关系范围过于广泛"这一批判。按照条件说的原因等价观点,引发结果的条件行为可以被极端地无限追溯。例如,在"购刀杀人案"中,杂货店老板的售刀行为及行为人的母亲生育行为人行为与持刀杀人行为都是受害人死亡结果的无差别条件,这种结论恐令人难以接受。首先(也是需要再三强调的),将所有条件行为的原因力视为等价并无不妥。某一行为被确认为条件行为,表明该行为与结果之间存在事实关联,并不代表行为必然具有可归责性,仅仅意味着具备了对行为进行客观归责的合理性基础。该行为的原因力是否大到应受刑法否定性评价、行为人是否应为其行为接受刑法非难,都可以在归责阶段进行判断。换

---

① 王扬,丁芝华. 客观归责理论研究 [M]. 北京:中国人民公安大学出版社,2006:83.

② 叶金强. 相当因果关系理论的展开 [J]. 中国法学,2008(1).

言之，条件行为是刑法责任范围的最大边界，① 而不等于刑法责任范围的全部。其次，认为条件说是对条件行为无限回溯的观点是"结果—行为"的侦查式逻辑产物。从结果出发反推在此之前的所有符合条件公式的条件行为，底层逻辑是"引起某一特定结果的条件是什么"。如"购刀杀人案"从受害人的死亡结果出发，可以从行为人的杀人行为一直追溯到行为人母亲的生育行为。而以归责为最终目的的归因则是"行为—结果"的审判式思考路径，其底层逻辑是"某一特定行为是否为引发某一特定结果的条件行为"。判断某一行为是否成立犯罪，无需采取从结果反推原因的侦查式逻辑，采取审判式逻辑判断某一已知的具体行为与既定结果之间是否存在事实因果关联即可。例如，在过失渎职犯罪案件的归因阶段，只需判断行为人具体的过失行为是否为造成渎职结果的必要条件，运用"若无前者，则无后者"的条件公式进行条件行为识别即可满足归因需求。

二、单复数过失渎职行为作为条件行为的识别进路

（一）单数过失渎职行为作为条件行为的识别进路

1. 直接引起型因果关系中过失渎职行为作为条件行为的识别

在过失渎职犯罪案件中，结果的发生可能单纯由国家机关工作人员的过失渎职行为引起。在这种一因一果的情况下，行为主体、过失渎职行为与结果之间引起与被引起的关系具有明显的单一对应性，本书称之为直接引起型因果关系。此时，判断过失渎职行为是否为结果的条件行为较为容易。当过失渎职行为作为形态时，可直接运用"若无前者，则无后者"的条件公式对其进行检验。若国家机关工作人员不实施该

---

① ［德］罗克辛. 德国刑法学总论：第一卷［M］. 王世洲，译. 北京：法律出版社，1997：234.

行为，结果便不会发生，那么该过失作为渎职行为是结果的条件行为。例如，在民事诉讼过程中，对运营车辆等动产采取扣押等保全措施时，一般通过车辆登记管理部门的协助对其设置防止交易的措施。某司法工作人员因过失采取了完全控制运营车辆的保全措施，给当事人造成了巨大的运营损失，致使当事人陷入生活困难而自杀。若该司法工作人员没有错误采取保全措施，当事人就不会因生活困难而自杀，过失作为渎职行为与死亡结果之间存在"若无前者，则无后者"的关系，所以过失作为渎职行为是死亡结果的条件行为。

若过失渎职行为是不作为形态，① 由于导致结果发生的因果流程并非由不作为开启，对于结果的发生而言，不作为本来就"不存在"，假设行为不存在的条件公式无法直接适用于不作为对于结果发生的必要性判断。不作为与结果之间的因果关联在于，具有保证人地位的行为人对既有的因果流程未加干预，从而导致不被允许的危险最终在结果中实现。不作为对结果发生的作用力表现为，保证人没有通过履行作为义务阻断本已存在的因果流程，② 故将原"去除法"的条件公式修正为"如有前者，则无后者"的"加入法"变体公式，以此来判断不作为与结果之间的因果关联：若保证人履行了作为义务结果不会发生，则不作为是该结果的条件行为。拟制行为存在的"加入法"变体条件公式，使不作为犯在条件行为的识别上面临着假定经验法则的判断，"拟制过程中的假设纯粹成为依据过往经验的可能性判断而变得不可捉摸，根本无法与作为因果关系的必然性判断等价"③。为克服这种不等价性，通常

---

① 我国现行刑法中的过失渎职犯罪均为不真正不作为犯，如无特殊说明，本章节中的不作为犯均指不真正不作为犯。

② 曾文科．不作为犯的归因与归责 [M] //陈兴良．刑事法评论：第28卷．北京：北京大学出版社，2011：393.

③ 李川．不作为因果关系的理论流变与研究进路 [J]．法律科学（西北政治大学学报），2016，34（1）.

说强调不作为犯的因果关系只有达到"具体结果几近确定不会发生"的程度，才能肯定因果关系的成立并肯定不作为的条件行为性。① 然而，依靠经验法则判断结果是否"几近确定不会发生"，与相当因果关系说中的相当性判断并没有本质区别，② 无异于又是借归因之名行归责之实。

作为犯的因果流程可以通过科学方法或经验证据进行证明。例如，将刀刺向人的心脏致人死亡的因果流程，既可以得到医学理论的验证，也可以根据人类社会的经验法则加以证明。不同的是，科学方法的验证可以给出具体案件中"刀刺穿心脏行为就是死亡结果的必要条件"的确定结论；但依据经验法则只能给出"刀刺穿心脏的行为通常是死亡结果的必要条件"这一不确定的结论。不作为犯的因果关系，是对标作为犯因果关系，由法律拟制的假设因果关系或曰准因果关系。它无法像作为犯的因果关系那样，直接通过科学方法来证明，最多只能依靠经验法则来推论。所以严格来讲，不作为犯难以像作为犯那般相对明确的事实归因，只能说是一种"准"事实归因或"类"事实归因。本就带有随机性的经验法则，无论如何都不能提供确定性的结论，履行作为义务结果"几近确定不发生"只能是发生于归责阶段的带有规范推理色彩的判断。要坚持不作为犯归因与归责的功能界分，唯一可行的方法就是降低不作为犯准事实归因的判断标准。事实上，条件公式的原旨是如果没有 A 就没有 X，则 A 是 X 的条件行为，该公式也并未要求没有 A 就"确定"没有 X，只要没有 A 即存在没有 X 的可能性（可能性>0），A 便可被认为是 X 的条件行为。既然作为犯的因果关系成立标准都不是"几近确定"，则在利用"加入法"的变体条件公式判断不作为犯准

① 林钰雄. 新刑法总则［M］. 北京：北京大学出版社，2009：408.
② 陈宏毅. 论过失不作为犯［M］. 台北：元照出版有限公司，2014：131.

事实因果关系成立时，同样不必要求一定要达到"几近确定"的程度，只要依靠经验法则判断保证人履行了作为义务则结果有不发生的可能性，即结果不发生的可能性>0，就可以认定不作为与结果之间存在准因果关系，不作为是结果的条件行为。结果"几近确定不会发生"需要作出规范判断，而结果"可能不会发生"却是可以通过经验证据来证明的准事实。通过降低因果关系成立的判断标准，不作为犯准因果关系的判断得以从形式上的归因、实质上的归责回归到形式与实质都是归因，由此，不作为犯的条件行为识别与作为犯的条件行为识别就得以维持在归因的同一层面。

　　案例1：被告人姜某作为国家机关工作人员，在签订、履行合同过程中未对国有A采石场提交的设备发票复印件与原件核对，对A采石场的装载机等设备的真实价值没有核实即将相关资料提交财评中心，导致该批设备以低于市场价的价格被出售，造成国家经济损失40余万。[①]

　　如案例1所示，姜某的过失渎职行为乃"未核对资料确认国家资产的真实价值"这一不作为形态，结果为"造成国家财产损失"。该不作为的过失渎职行为与结果之间是否存在准因果关系，适用"加入法"条件公式进行判断。姜某作为国家机关工作人员，具备法定的保证人地位。依照经验法则判断，若其认真比对发票等证明材料，核实装载机等设备的真实价值就有可能避免设备被低于市场价出售，则结果不发生的可能性>0。因此，姜某不作为的过失渎职行为可被认定为结果的条件行为，能够进入后续归责阶段进行结果归属的判断。

---

　　① 冷水江市人民法院（2016）湘1381刑初81号刑事判决书。

2. 监管过失型因果关系中过失渎职行为作为条件行为的识别

过失渎职犯罪行为所导致的结果，也可能是在国家机关工作人员以外的他人之行为介入或参与的情况下，由过失渎职行为与他人之行为共同作用引起。在他人行为介入或参与的渎职犯罪中，国家机关工作人员通常处于监督者或管理者的地位，其过失渎职行为表现为违背监督管理职责，致使他人（被监管者）的行为直接引起构成要件结果，成立监督管理过失（以下简称为监管过失）。基于监管过失犯罪的特殊行为结构，监管过失犯罪的因果链条中至少存在三段因果流程：被监管者的行为与结果之间的因果流程、监管者的过失行为与被监管者的行为之间的因果流程以及监管者的过失行为与结果之间的因果流程。其中，被监管者不具有国家机关工作人员身份，其行为与结果之间的因果流程不能成为渎职犯罪的因果关系。所以，关于监管过失型渎职犯罪的因果关系，一种观点认为是监管者的过失渎职行为与被监管者的行为之间的因果关系；[①] 另一种观点则认为是监管者的过失渎职行为与被监管者直接引起的构成要件结果之间的因果关系。[②] 归因的目的是确认构成要件结果之归属，则归因所判断的因果关系联结的两端必有一方是构成要件结果，故监管过失型渎职犯罪的因果关系是指监管者的过失渎职行为与结果之间的因果关联，本书称之为监管过失型因果关系。

监管过失型因果关系是典型的多因一果形态，其判断难点在于：被监管者的行为是导致结果发生的直接原因条件，作为监管者的国家机关工作人员怠于履行监管职责的监管过失渎职行为，只是为被监管者的条件行为创造了容易实施的环境。[③] 过失渎职行为与结果之间的因果联系

---

① 彭凤莲. 监督过失责任论［J］. 法学家，2004（6）.

② 谢雄伟. 监督过失中因果关系的"二阶判断"［J］. 政治与法律，2016（5）.

③ 曹菲. 管理监督过失研究：多角度的审视与重构［M］. 北京：法律出版社，2013：223.

在时空上是疏远且间接的，难以判断监管过失行为对结果的发生而言到底是否具备条件性。鉴于监管过失型因果关系的上述特点，司法实践中，往往出于刑事政策严厉打击渎职犯罪的考量，使监管过失型因果关系的认定屈服于扩大归责范围的需求。2021年最高人民法院出台的《关于适用〈中华人民共和国刑事诉讼法〉的解释》第101条，赋予了有关部门对事故进行调查形成的报告（如国务院灾害调查组针对河南"7·20"特大暴雨灾害出具的调查报告）在刑事诉讼程序中作为证据使用的正式效力，且该类调查报告中涉及专门性问题的意见可以作为刑事定案的根据。这意味着在造成重大责任事故的监管过失型渎职犯罪情形下，有关部门出具的专门意见可以取代归因而直接成为归责的依据。对监管过失渎职行为是否为结果的条件行为的认定，还是要尽可能排除政策倾向、规范评价等干涉因素，回归到单纯的事实因果关系判断本身。

案例2：被告人杨某任某林业和草原局行政许可股股长，在他人未提供采伐设计文件、上年度伐区作业质量验收合格证和上年度树木更新合格证等资料的情况下，仅凭他人的申请及相关领导批示即签发了超出年度采伐限额的林木采伐许可证，何某凭借杨某发放的三张采伐许可证滥伐林木达700立方米。①

当监管过失渎职行为是作为形态时，尽管监管过失行为与结果之间介入了他人行为，但监管者之作为的过失渎职行为仍为因果流程的开启创设了必要条件，可运用条件公式判断事实因果关系成立与否。以案例2为例，若被告人杨某违反规定签发超出年度限额林木采伐许可证的行

---

① 营山县人民法院（2017）川1322刑初121号刑事判决书。

为不存在，则何某无法获得林木采伐许可证，继而也无法实施滥伐林木的违法行为。所以，杨某违法发放林木采伐许可证的行为与林木被滥伐的结果之间存在"若无前者，则无后者"的条件关系，可直接认定其过失监管渎职行为是导致结果的条件行为。

案例3：被告人黄某任某公安消防大队参谋，在对 C 工厂进行消防安全工作检查的过程中，黄某未对厂区内成品仓库及铁皮厂房进行消防安全检查，致使厂房内大量堆积可燃物的安全隐患未被及时发现并整改。C 工厂进行铁皮厂房改造时，工人电焊气割的熔融物掉落引燃纸箱等可燃物，引起火灾，火灾过火面积约 4800 平方米，3 名工人为救火而身亡，火灾造成直接经济损失 173 万元。①

监管过失渎职行为以不作为的方式呈现时，在他人行为的介入下，不作为与结果的因果关联性就显得更加薄弱。若"加入法"变体条件公式不足以判断不作为与结果之间的必要条件关联，那么可以考察作为介入因素的他人行为是否制造了导致因果关系中断的效果。若他人的介入行为完全切断了监管过失行为对结果的作用力，那么监管过失行为便不成为结果的条件行为。传统因果关系中断理论认为，介入行为同时满足对结果的发生起决定性作用，且通常情况下不会出现这两个条件，即可阻断前行为与结果之间的因果关系。② 对监管过失渎职犯罪而言，他人的介入行为是对结果的发生起决定作用的行为不言自明，至于介入行为是否异常，可以通过判断该介入行为是否属于监管者的职责管辖范围来评价。职务行为具有高度的专业性和专属性，负有监管职责的国家机

---

① 泉州市丰泽区人民法院（2014）丰刑初字第 554 号刑事判决书。
② 马克昌. 犯罪通论［M］. 武汉：武汉大学出版社，2005：226.

关工作人员对其职责管辖范围内可能出现的各种情况应当有所认知,其履行职责的目的就是防范这些情况出现。例如,在案例 3 中,无论是由工人操作电焊引燃还是工人持蜡烛查看库存失火引燃,可燃物被引燃的原因并不关键,介入行为的本质在于"某种行为引燃了可燃物",而被告人的职责是排查消防隐患、防范消防事故,工厂违规堆积可燃物容易引起火灾事故等消防隐患,正是被告人职责管辖范围内的常态现象。因此,可燃物被引燃对于负有消防安全检查的监管者而言,就不可能是异常的、通常不会发生的介入因素,无法阻断不作为的监管过失渎职行为与火灾结果之间的因果关系,案例 3 中的监管过失行为是结果的条件原因。

案例 4:被告人范某担任某县环境监察中队负责人,接到 C 集团违法倾倒工业污染物的举报后,带领工作人员进行实地检查,C 集团有关人员拒绝配合检查,范某未将该情况及时向县环保局汇报并采取进一步措施。C 集团倾倒的具有腐蚀性危险废物造成污染面积约 6427m²,造成公私财产损失约 340 万。①

除上述判断因果关系中断的一般标准之外,有学者提出,若介入行为是他人故意犯罪行为,监管者就失去了对结果的支配力,所以他人的故意犯罪行为可排除过失监管渎职行为作为条件行为的事由。② 然而将他人故意犯罪行为作为因果关系的排除事由,会不当限缩监管过失型因果关系的范围。以环境监管失职罪为例,《中华人民共和国刑法修正案(八)》将重大环境污染事故罪修改为污染环境罪后,该罪的罪过亦包

---

① 山西省霍州市人民法院(2018)晋 1082 刑初 59 号刑事判决书。
② 易益典. 监督过失型渎职犯罪的因果关系判断 [J]. 法学, 2018 (4).

含了故意，且近年来重大环境污染事故大多是在行为人主观故意的心态下造成的。倘若故意污染环境行为可排除环境监管工作人员的过失渎职行为与结果之间的因果关系，案例 4 及其同类案件就失去了追究监管过失行为责任的必要性，环境监管失职罪也形同虚设，失去存在价值。基准职务行为的设定，本就意味着监管者履行了职责范围内的义务，就有可能阻止他人行为造成结果。如案例 4，若范某向县环保局汇报了污染事故并进一步采取强制性规制措施，C 集团的故意污染行为被制止的可能性>0，污染结果不发生的可能性>0，其监管过失渎职行为对污染结果而言属于条件行为。否定被监管者的故意行为能排除监管过失型因果关系成立，并不会像部分学者担心的那样，导致监管者的责任过于巨大且有受制于被监管者之嫌。① 监管过失行为是他人故意犯罪行为所导致的结果之条件行为，与监管者要为他人故意犯罪行为导致的结果承担刑事责任是两个层次的判断，该担忧实际上将归因确定的（准）事实因果关系范围直接等同于归责范围。因此，介入行为的性质并不影响监管过失型因果关系的成立。

（二）复数过失渎职行为作为条件行为的识别进路

现代工业社会中的经济活动风险往往是在许多行为人的参与作用下共同引起的，风险结果的出现很难以单一行为引起单一结果这样直接明了的因果关系加以说明，风险责任也往往无法归于单一行为人。② 前文所述直接引起型因果关系的认定，是在过失渎职犯罪的作为与不作为均为单数行为的基础上作出的，此外还需讨论过失渎职犯罪共同犯罪案件中直接引起型因果关系的认定。过失共同犯罪是二人或者二人以上实施

---

① 易益典. 监督过失型渎职犯罪的因果关系判断 [J]. 法学，2018（4）.
② 许逎曼. 过失犯在现代工业社会的捉襟见肘 [C] //许玉秀，陈志辉. 不移不惑献身法与正义：许逎曼教授刑事法论文选集. 台北：公益信托春风熙日学术基金，2006：519.

过失行为共同造成一个或数个结果的犯罪,① 其中直接引起型因果关系仍要在仅有一个结果发生的前提下探讨。出现数个过失渎职行为导致同一结果发生的情形时,应区分数个过失渎职行为是属于同质的共同过失行为抑或异质的过失行为竞合,继而分别对其进行条件行为的识别。

1. 共同过失行为条件性的整体识别

共同过失行为是过失共同犯罪中认定成立过失共同正犯的基础。从犯罪共同说的共犯处罚立场出发,肯定过失共同犯罪能够成立过失共同正犯的代表学说认为,当法律赋予共同犯罪参与人中的每个参与人以相同的客观注意义务时,各参与人违反共同的客观注意义务导致构成要件结果发生的,便应以"共同义务的共同违反"为依据,追究参与人的过失共同正犯责任。② "共同义务的共同违反"即共同过失行为,过失犯罪共同参与人的过失行为若要被评价为共同过失行为,需具备三个同质条件:其一,客观注意义务的内容同一;其二,行为不法的内容同一;其三,结果不法的内容同一。基于各方面内容的高度同质性,数个过失共同行为可以被视为一个整体行为,由此一来,引起结果的条件行为是作为整体的共同过失行为。③ 当共同过失渎职行为整体为作为形态时,适用"若无前者,则无后者"的条件公式,判断共同过失渎职行为与结果之间的因果关系;反之,当共同过失行为整体为不作为形态时,可适用"加入法"变体条件公式加以判断。此时,共同过失行为与结果之间的因果关系,只需考虑共同行为与结果之间的因果关系,而不必分别考察每个过失行为与结果之间的因果关系。④ 从整体上考察共

① 侯国云. 过失犯罪论 [M]. 北京:人民出版社,1993:161.
② 郑泽善. 论过失共同正犯 [J]. 政治与法律,2014 (11).
③ 侯艳芳. 污染环境罪因果关系认定的体系化思考 [J]. 当代法学,2020,34 (4).
④ 李世阳. 过失共同正犯研究:以日本的学说状况为视角 [J]. 东南法学,2015 (1).

同过失行为的合理性在于，共犯关系扩张了因果性的范围，"即便是由其他共犯人的行为所产生的结果，也如同由自己行为所产生的结果那样"①。共同过失行为人共享相同的客观注意义务，每个参与人的行为都是彼此行为的延伸与补充，行为人不仅要自己履行客观注意义务，同时也要督促确保作为自身行为之延伸或补充的其他参与人履行客观注意义务避免构成要件结果的产生。② 共同过失犯罪的行为人未履行客观注意义务有两种情况：一是自己违反了客观注意义务，二是未能督促他人履行注意义务。因此，行为人对督促他人之注意义务的违反、其他参与人对自身注意义务的违反便成为构成要件结果发生的双重条件行为，而由行为人与其他参与人共同实施的双重条件行为，已然都包含在整体的共同过失行为中了。申言之，只要共同过失行为在整体上成为结果的条件行为，则具体的过失参与行为，要么因违反自身之客观注意义务而成为结果之条件，要么因违反督促他人之客观注意义务而成为结果之条件。

案例5：三名被告人是住建局下设燃气热力监督站的工作人员，负责对取得燃气经营许可证的企业进行安全检查。三人在履行监督检查职责过程中严重不负责任，未认真审查B公司事故应急预案情况，致使不符合安全生产条件的B公司发生了爆燃事故，致三人重伤一人轻伤，直接经济损失达6万余元。③

案例5中三名被告人的过失渎职行为具有高度同质性。在基准职务

---

① ［日］西田典之．日本刑法总论［M］．王昭武，刘明祥，译．北京：法律出版社，2013：305．
② 张伟．过失共同正犯研究［J］．清华法学，2016，10（4）．
③ 安国市人民法院（2017）冀0683刑初2号刑事判决书。

行为的内容方面，三名被告人都负有通过安全检查排除燃气企业安全隐患以及督促彼此履行该义务的职责，这意味着三人同时具备法定的保证人身份且客观注意义务与作为义务的内容完全相同；在行为不法方面，三名被告人制造不被允许的风险的手段完全相同，都属于未认真审查相关安全要素的不作为渎职行为；在结果层面，三个过失渎职行为造成同一个结果——爆燃事件。该案中难以查明燃爆事件的发生具体是由三名被告人中谁人的过失渎职行为引起，故将三个高度同质的过失行为视为一个整体的不作为共同过失渎职行为。若三名被告实施了安全审查义务及督促义务，发现并排除燃气安全隐患避免燃爆事件发生的可能性>0，则本案中作为整体的共同过失渎职犯罪与结果之间存在因果关系，每个被告人不作为的过失渎职行为均是结果的条件原因。

2. 过失行为竞合中条件行为的分别识别

过失行为竞合是过失共同犯罪中认定成立过失竞合的基础。过失竞合是指数个过失行为与结果的发生存在着某种程度上的因果关系，但实施过失行为的数个犯罪参与人之间缺少共同的客观注意义务和共同违反注意义务的行为，这样的数个过失行为之间成立过失竞合。[①] 过失竞合中的过失行为不具有高度同质性，各犯罪参与人仅对自身行为负有客观注意义务而无督促他人之义务，过失竞合实际上是数个过失行为偶然共同作用导致结果的发生，各过失行为与结果之间的因果关系都是相对独立的。因此，在过失竞合的情况下，可能会出现过失作为与过失作为的竞合、过失作为与过失不作为的竞合或者过失不作为与过失不作为的竞合，须根据各过失行为的形态，具体适用条件公式或"加入法"变体条件公式分别判断其与结果之间的因果关系。

---

① 袁登明，吴情树. 论过失竞合与共同过失 [J]. 云南大学学报（法学版），2003，16（2）.

案例6：被告人张某任看守所所长，在办理在押人员席某出所住院就医手续时严重不负责任，未按规定指派该看守所正式民警看管在押人员；被告人黄某非看守所正式民警，在受委托看管席某时严重不负责任，未按规定对在押人员佩戴戒具，未按规定与其他工作人员轮流值守监管在押人员，致使席某脱逃。①

在案例6中，两名被告人在基准职务行为的内容以及行为不法层面皆不具备同质性，二人的过失渎职行为虽共同作用导致了在押人员逃脱的结果，张某不作为的过失渎职行为与黄某不作为的过失渎职行为属于过失行为竞合而非共同过失行为，应分别考察二人的过失渎职行为与结果之间的因果关系。张某的基准职务行为是指派正式的民警看管在押人员，若其规范履行了该职务要求，正式民警看管在押人员的能力和经验相对更充分，在押人员逃脱的结果不发生的可能性>0，故张某的过失渎职行为是结果的条件行为。黄某非看守所正式民警，但其接受委托代表国家机关行使职权，身份上等同于国家机关工作人员，故具备保证人身份亦负有实施相应基准职务行为的义务，若其按照基准职务行为要求对在押人员使用戒具并与其他值班人员轮流看管在押人员，则在押人员无法脱逃的可能性>0，黄某的过失渎职行为亦是在押人员逃脱结果的条件行为。

第二节　过失渎职行为制造不被允许的风险之确证

制造不被允许的风险，是客观归责理论体系下过失犯行为不法的核

---

① 唐山市路北区人民法院（2012）北刑初字第213号刑事判决书。

心（详细论述参见本书第二章第一节）。过失渎职行为是否制造了不被允许的风险，本质上是判断过失渎职行为是否具备行为不法，即能否进行行为归责。过失渎职犯罪结果责任归属判断的最终目标虽然是结果归责，但结果归责只能在过失渎职行为具备行为不法的前提下进行——假使在举动毫无法律瑕疵的情况下结果照常出现，结果不可归责于行为人。① 刑法的目的在于审查行为与结果之间的联系是否足以令行为人为此承担责任，结果只有经过刑法评价被认定为在规范层面也能归属于条件行为，行为人才具备刑事可归责性。② 也就是说，若条件行为未制造不被允许的风险，即便结果的发生与之存在事实因果关系，结果责任也不能归属于条件行为。另外，对于没有发生现实法益侵害后果的过失危险犯，不存在结果归责一说，过失危险犯客观归责的依据就在于过失行为制造了不被允许的风险。因此，在结果归责之前检验引起结果发生的条件行为是否制造了不被允许的风险，是结果责任归属判断必不可少的环节。行为是否制造了不被允许的风险这一设问，包含了行为是否制造了风险以及风险是否被允许两个判断要素。

一、风险制造的排除性规则在过失渎职犯罪中的选择性适用

判断行为是否制造了风险有着积极证成和消极排除的不同思路。日本刑法学界主张积极的证成行为制造了风险，如山中敬一教授肯定了风险制造的两种行为类型：其一是行为直接制造了危险，如瞄准他人心脏开枪的行为；在过失犯领域，无视红灯驶入流量较大的十字路口这种违反道路交通法规范的行为也是直接创造了不被允许的危险。其二是行为

---

① ［德］弗里施，陈璇. 客观归责理论的成就史及批判——兼论对犯罪论体系进行修正的必要性［J］. 国家检察官学院学报，2020（1）.
② ［德］耶赛克，魏根特. 德国刑法教科书［M］. 徐久生，译. 北京：中国法制出版社，2017：376.

制造了危险状态，这是指行为本身不直接导致结果发生，而是在他人行为等情况介入后才产生导致结果的危险状态。例如，旅馆的灭火装置年久失修，住宿的客人吸烟引发火灾后灭火装置依然没有运作，导致大量住宿客人死亡的情况。① 一方面，积极证成行为制造了风险的思路自有其可取之处，直接制造危险与制造危险状态两种类型的确将大部分危险制造行为囊括在内，但归纳总结、正向列举的方式毕竟无法全面概括风险制造行为的所有形态，容易产生行为归责的漏洞，也降低了论证的效率。② 另一方面，山中敬一教授在分析过失交通事故的案例时指出，首先要调查过失行为对交通法规的违反情况，如果答案是肯定的，则过失行为表面上符合制造了危险的形式要求；其次要判断案件中是否存在客观的预见可能性等能够否定该违反道路交通法规的过失行为危险创造的事由，若不存在该类事由，即可认定该过失行为实质上制造了不被允许的风险。③ 可以看出，积极证成行为制造了风险在形式判断层面无疑是有效的，但在实质判断层面却无法继续发挥作用，只能转而排除行为未制造风险的情形来反向肯定行为实质上制造了风险，这种反向证明方式显然已经脱离了积极证成的方法轨道。通过证明行为未制造风险继而阻却未制造风险的行为之可归责性的消极排除思路，是德国刑法学界的主流观点：不必从正面说明条件行为必须满足何种标准才能被认定为制造了风险，只要证明行为未制造风险，就意味该行为不具备行为不法，自然也不具备结果责任归属的前提；反之，若不能证明行为未制造风险，则肯定行为的可归责性。

---

① ［日］山中敬一. 刑法総論：ロースクール講義［M］. 東京：成文堂，2006：137-138.
② 童德华. 刑法中客观归属论的合理性研究［M］. 北京：法律出版社，2012：259.
③ ［日］山中敬一. 刑法総論：ロースクール講義［M］. 東京：成文堂，2006：195.

（一）能够排除过失渎职行为风险制造的规则：风险降低与欠缺重要性风险规则

德国学者对行为制造了风险的消极排除规则各有论断。在罗克辛教授的客观归责体系中，风险制造的排除事由分别是行为降低了风险和行为制造了缺乏重要性的风险。这两项判断规则均可以适用于排除过失渎职行为制造了不被允许的风险。

风险降低规则。行为制造了风险意味着风险的增加或升高，一个降低了风险的行为即使没有完全消除风险，也应当排除行为的风险创设性。①值得注意的是，风险降低规则的运用前提是被降低的风险并非由该行为制造，该行为对已存在且已展开的风险实现了因果流程的修正并由此改善了法益的状态，则结果的发生不可归属于该行为。风险降低规则的合理性源于萨姆松（Samson）教授提出的强化原则——法律禁止的只是那些使法益状态恶化的因果进程，②若行为制造了一个较小的风险替代了原本存在的较大风险时，法益状态没有因该行为而恶化，故不可归责于制造较小风险的行为。然而，风险降低规则并不适用于对过失渎职行为的风险制造判断。风险降低之风险指的是非由条件行为直接创设的风险，则直接创造风险的作为形态的直接侵害型过失渎职行为不能成为该规则的评价对象；不作为的直接侵害型过失渎职行为或监管过失型渎职行为对风险实现的因果流程无法施加作用力，只能放任因果流程发展而不可能对其进行修正，也应排除该规则的适用；作为的监管过失渎职行为虽然可以降低被监管者所创设的危险，但监管者的基准职务行为要求是"避免"风险发生而非仅仅"降低"风险，故风险降低规则

---

① ［德］罗克辛. 德国刑法学总论：第一卷［M］. 王世洲，译. 北京：法律出版社，2005：247-248.
② 转引自庄劲. 客观归责理论的危机与突围：风险变形、合法替代行为与假设的因果关系［J］. 清华法学，2015，9（3）.

对负有监管职责的国家机关工作人员而言达不到完全排除可归责性的程度。

欠缺重要性的风险规则。行为虽然没有降低风险，但也未在刑法关注的范围内提高风险，行为所制造的"风险"实际上是人类社会正常生活中的一般风险而不具备值得动用刑法评价的重要危险性。① 例如，希望他人乘坐飞机失事以继承其财产，购买了机票供其搭乘后飞机果然失事导致他人坠亡，为他人购买机票鼓动他人搭乘飞机的行为并没有使飞机失事的风险增加，该行为未达到值得动用刑法评价的重要程度，属于制造了欠缺重要性的风险，可阻却结果责任的归属。在过失渎职犯罪的审判实践中，国家机关工作人员的某一具体过失行为到底是业务水平不精抑或过失渎职行为常有争议，欠缺重要性的风险规则恰好为两者的界限划分提供了依据。

案例 7：被告人张某担任某县房产管理局保障性住房办公室负责人，其基准职务行为之一为负责本县公租房及廉租房等保障性住房租金的收取工作。张某在任期间主要采用张贴催缴租金通知的形式督促租户自主缴纳租金，未安排专人对该租金进行入户收取，也未采取其他有效办法收取租金，导致众多租户欠租达 450 万余元，给国家利益造成巨大损失。②

试对案例 7 进行分析：公诉机关主张张某未妥善履行职责的行为属于过失渎职行为，张某及其辩护人则辩称其只是业务水平不精。根据欠缺重要性的风险规则，该案的关键在于判断张某的行为是否在法律关注

---

① 黄荣坚. 刑法问题与利益思考［M］. 北京：中国人民大学出版社，2009：85.
② 奇台县人民法院（2018）新 2325 刑初 169 号刑事判决书。

的范围内增加了导致国家利益受损的风险。保障性住房租金属于国家财政收入，租户不缴纳租金的行为制造了国家利益受损的风险，张某收取租金不力的行为实质上没有使这种风险增加；另外，房产管理局可以通过起诉租户的途径主张收取租金的权利从而消除国家利益受损的"风险"，这说明张某未妥善履行职责导致的"风险"可以在民事法律范畴内解决而不必上升到刑法层面，故张某的行为未制造刑法关注的具有重要性的风险，属于业务水平不精而非过失渎职行为。

（二）无法排除过失渎职犯罪风险制造的规则：禁止回溯原则与信赖原则

在雅各布斯（Jakobs）教授的客观归责体系中，排除风险制造的事由分别为禁止回溯原则和信赖原则，但该两项原则并不适用于过失渎职犯罪领域。

禁止回溯原则。禁止回溯原则通常被用来解决条件说在因果关系判断中无限追溯条件行为的弊端，雅各布斯教授以社会期待说为理论基础，认为社会期待赋予了不同社会角色的行为人以特殊的保证义务，行为人未违反基于其社会角色产生的保证义务时应否定其行为的风险制造性。[1] 具体而言，依据条件说追溯因果链条至行为人的条件行为时，若行为人不具备保证人地位，则排除行为人的结果责任。"购刀杀人案"中杂货店老板出售菜刀的行为虽是被害人死亡结果的条件原因之一，但杂货店老板不具备保护被害人生命法益的保证人地位，故出售菜刀的行为没有制造风险。需要注意的是，行为人不依赖其行为而是因制度性约束或其他原因成为保证人时，禁止回溯规则失效，不可排除结果责任。[2] 过失渎职犯罪的主体即国家机关工作人员负有法定保证人身份，

---

[1] 莫洪宪，黄鹏. 论结果客观归责中的溯责禁止 [J]. 法律科学（西北政法大学学报），2017（6）.
[2] 周维明. 雅各布斯的客观归责理论研究 [J]. 环球法律评论，2015（1）.

对于他人在其保证人职责范围内制造的风险不可免除归责。

信赖原则。数个行为人共同参与行为或行为人之间存在分工情形时，各行为人有权信赖其他参与人也会遵守注意义务行事，如果他人未尽注意义务而行为人误信他人而制造风险，可排除行为人的结果责任。信赖原则给予行为以自由，尽管行为可能制造风险，但这种风险的责任应由被错误信赖的一方承担，而不能归属于行为人。① 不过，信赖原则的适用有其局限性。雅各布斯教授提出了三种不得适用信赖原则的情形：第一，如果被错误信赖的一方不承担责任或免除责任，那么信赖原则就没有适用空间；第二，如果共同行为中一方行为人的任务就是补偿另一方的错误，那么这种情况下应当排除信赖原则的适用；第三，先制造风险的行为人不得主张对其他参与人的信赖。② 据此，监管过失渎职犯罪领域和共同过失渎职犯罪领域内应当排除信赖原则的适用。首先，负有监管职责的国家机关工作人员之基准职务行为的要求就是防止被监管者制造风险，监管主体无理由信赖被监管者可以"正确行事"，被监管者制造并实现了风险后，监管者不能援引信赖原则排除其监管过失渎职行为的风险制造性。另外，在共同过失犯罪的场合，破坏自身注意义务的行为人便无理由信赖他人会遵守注意义务。对过失共同犯而言，共同注意义务形成的目的之一在于降低他人违反注意义务所制造的风险，A行为人违反了注意义务意味着B行为人同时违反了督促作为自身行为之延伸或补充的A正确履行职责的注意义务，A和B彼此共同制造了在先的风险，故均不可主张对彼此的信赖。对过失渎职行为的竞合而

① JAKOBS G. Objektive Zurechnung, Insbesondere im Bereich der Strafrechtlichen Institute "erlaubtes Risiko", "Regreßverbot" und "Vertrauensgrundsatz" [J]. The Journal of Social Sciences, 1992 (11).

② JAKOBS G. Objektive Zurechnung, Insbesondere im Bereich der Strafrechtlichen Institute "erlaubtes Risiko", "Regreßverbot" und "Vertrauensgrundsatz" [J]. The Journal of Social Sciences, 1992 (11).

言，虽然行为人之间不存在共同的注意义务，但"破坏已经确定的注意义务的行为人倘若跟其他参与人的注意义务破坏者共同引发损害结果情形时，前行为人不得主张对其他参与人的信赖"①。

案例8：被告人王某系城市管理行政执法局某城管中队巡控组副组长，主要负责对辖区内违法建筑巡查防控、制止查处等工作。甲、乙在未向主管部门办理报建的情况下违规搭建仓库，王某巡查发现违规建设仓库后以发放通知书的书面形式责令其停止违法行为并限期改正，并将处理情况汇报单位负责人何某，但没有采取具体措施如暂时扣押违法施工工具，也未将违建情况正式记录上报系统。何某两次带队到现场查看但均未采取其他措施。其后涉案仓库坍塌，造成两人死亡两人受伤的重大事故。②

在案例8中，王某与何某的过失渎职行为共同导致结果发生，鉴于二人不存在共同的注意义务，成立过失竞合。王某发现违法建筑情况后未采取相应的扣押措施，是本案的第一注意义务违反者；何某接到汇报到达现场后也未采取消除风险的措施，从风险制造顺序来看为第二注意义务违反者。王某作为第一破坏注意义务行为人不得信赖第二注意义务破坏行为人何某会遵守注意义务而主张自己的过失渎职行为不可非难。

二、主观特别认知不影响过失渎职行为风险制造的客观判断

过失渎职行为是否制造了不被允许的风险的另一个判断要素是风险是否被允许。若条件行为经过排除风险制造规则的检验被认定为切实制

---

① 周庆东．刑法意义中的交通信赖原则［J］．月旦法学杂志，2011（6）.
② 海口市秀英区人民法院（2017）琼 0105 刑初 521 号刑事判决书。

造了风险，则要进一步检验该风险是否在被允许的范围内。允许的风险可以排除行为不法的成立，但不能否定结果不法的成立，行为人制造了允许的风险时，无需对由其行为所导致的结果不法承担责任。① 是以，若过失渎职行为制造的法益侵害风险属于允许的风险范围内，就不能认为该过失渎职行为成立行为不法。允许的风险与罗克辛教授客观归责体系中排除风险制造事由之"欠缺重要性的风险"虽都能够阻却客观行为构成的满足，但两者的属性有着根本的不同：欠缺重要性的风险是社会生活中的一般的风险，不在刑法规制的范围内甚至不会被其他法秩序所禁止；而允许的风险首先是具有重要法律意义的风险，是刑法关注的对象，只是该风险从整体来看对公共福祉是有益的，所以法律在一定程度内准许该风险的存在。② 例如，事故统计证明，现代交通对生命、财产等法益都构成一种巨大的风险，机动车驾驶就是典型的风险制造行为，但在交通领域即便竭尽所有技术可能性也无法完全避免驾驶行为制造这种风险。鉴于发展交通技术对于现代社会的有用性，法律允许驾驶机动车这种制造法益侵害风险行为的存在，只要驾驶员全程遵守了交通法规的规定，驾驶行为所制造的风险就未超出被允许的范围，即使发生了交通事故也要阻却行为的可归责性。

需要特别探讨的是，作为客观构成要件的归属判断环节，风险制造的认定是否需要考虑行为人的主观方面。有观点认为，在过失犯罪中，行为人的举动是否创设了不被允许的危险不仅取决于对风险状况的客观评价，如果行为人对制造风险的必要条件具备了特别认知，而这些认知恰恰是他按照法律规范的期待去正确安排自身举动的基础，那么行为人

---

① ［德］金德霍伊泽尔. 论所谓"不被容许的风险". 陈璇，译［M］//陈兴良. 刑事法评论：第34卷. 北京：北京大学出版社，2014：226.

② ［德］罗克辛. 德国刑法学总论：第一卷［M］. 王世洲，译. 北京：法律出版社，1997：247-248.

的主观认知会对风险创设的判断产生影响。① 比如，负责押送盗窃犯嫌疑人的司法工作人员注意到嫌疑人身材纤细、关节柔软，从而判定其可能会"缩骨术"，基于这种特殊认知，仍将嫌疑人关在仅有一个不能容成年人通过、未加防盗装置的小窗口的房间。若看押普通成年犯罪嫌疑人，其不可能从未加防盗装置的小窗脱逃，工作人员并未制造不被允许的风险；但会"缩骨术"的嫌疑人有可能通过无防盗装置的小窗脱逃，对其特殊体质有认知的司法工作人员选择这样的房间看押犯罪嫌疑人就属于制造了不被允许的风险。不考虑主观要素对结果责任归属的影响，会导致行为人利用特殊认知来逃避惩罚。然而，在对风险制造的判断中渗入行为人主观认知的要素，一定程度上颠覆了客观归责的客观性，毕竟客观归责的"客观性"就源于其在结果责任的归属过程中隐去了对行为人主观方面的评价。② 本书认为，若在风险制造环节考虑行为人的主观认知，以行为人特别认识的内容作为风险判断的基础资料，就是将主观归责的标准提前适用到了客观归责阶段。

在客观的风险制造判断环节采取行为人特殊认知标准，将会导致以下情况出现：当行为人的主观认知范围超出了一般人的认知范围时，欠缺重要性的风险或被允许的风险即有可能升级为不被允许的风险；而当行为人的主观认知水平较低时，不被允许的风险也存在降级的可能性从而排除行为人结果责任的归属。以为他人买票劝其乘坐飞机的行为为例，若该行为是否制造或升高了风险取决于行为人主观上是否早已知晓飞机存在故障，则若行为人知道飞机存在故障而为他人购买机票，飞机果真失事导致人死亡，其行为所制造的风险就是不被允许的风险；若行

---

① ［德］弗里施，陈璇. 客观归责理论的成就史及批判：兼论对犯罪论体系进行修正的必要性 ［J］. 国家检察官学院学报，2020，28（1）.
② 转引自庄劲. 客观归责还是主观归责？——一条"过时"的结果归责思路之重拾 ［J］. 法学家，2015（3）.

为人并不知晓，则并未制造不被允许的风险。这不但破坏了风险认定标准的客观性和一致性，也使得行为人结果责任的归属带有了主观色彩和恣意性，致使以事后立场来看所有实现构成要件结果的行为皆制造了不被允许的风险。因此，应当维持"不被允许的风险创设是客观的"这一基本认知，无论行为人是否提前知道飞机存在故障，其为他人购票并劝说他人乘坐飞机，导致他人因飞机失事而死亡的行为，都在客观上创造了欠缺重要性的风险。至于行为人的特别认知，应当是主观归责阶段的判断内容，是决定行为人是否成立责任过失的判断资料。

客观归责的客观性必须被维持，不能以行为人的特殊认知内容作为风险判断的基础资料，但也要承认风险制造的判断是站在"人"的立场作出、无法全然排除人的主观认知影响。这就要以"全部客观事实为基础的一般人认识"作为风险判断的标准。所谓"全部客观事实"是指"事后查明的行为当时存在的全部客观事实"①，而对于"一般人"的界定，学界有两种观点：其一，一般人是指社会生活中具有良知与理智而小心谨慎的、处在与行为人同样的具体情况下的"社会一般理性人"；其二，一般人不是以全体国民为母体的一般平均人，而是行为人所属专业领域中的一般理性人，因为只有在行为人所属专业领域这一共同体的关系中，义务规范才会起作用。比如，行为人是司机，就不能以医生的认知标准去要求他；行为人是医生，就不能以普通人的认知去要求他。② 过失渎职犯罪的行为主体是在各级国家机关负有特殊监督管理职责的工作人员，基于其职责职务的特殊性，其对自身所处的责任领域的风险认识水平必然高于"一般社会理性人"，因此，基于事后查明的行为人当时所面对的全部客观事实，应当以专业领域内的一般理

---

① 陈璇. 刑法归责原理的规范化展开 [M]. 北京：法律出版社，2019：40.
② ［日］高桥则夫. 過失犯の行為規範に関する一考察 [C] //神山敏雄先生古稀祝賀論文集：第一卷過失犯論·不作為犯論·共犯論. 東京：成文堂，2006：13.

性人的经验法则而非社会一般理性人的标准，去评价和判断风险是否被允许，从而维护客观归责的客观性。前述"缩骨术"案例中，非从事司法工作的社会一般人即使观察到嫌疑人体型的非凡之处也很难认识到这种事实，但司法工作人员在其长期与罪犯斗争的工作经验基础上对盗窃犯会"缩骨术"应当有基本认知，则按照专业领域内的一般理性人认识的内容，将嫌疑人关押在未设置防盗装置的小窗口房间属于制造了不被允许的风险，嫌疑人利用"缩骨术"从小窗口逃脱的渎职结果客观上应当归属于司法工作人员的过失渎职行为。

第三节　不被允许的风险在过失渎职犯罪结果中实现之考察

仅凭条件行为制造了不被允许的风险，还不能确定全部的结果责任归属，因为风险制造只涉及行为不法的判断。① 对于过失犯的客观归责而言，由行为者创造的不被允许的危险只有在结果实现之后才会产生可罚性。② 因此，确认过失犯结果责任归属的最后步骤，即风险实现环节，还需要考察过失犯的结果不法。若条件行为制造的不被允许的风险并未实现，则欠缺结果不法，由此应当否定结果责任之归属。过失犯成立行为不法要求过失行为违反了客观注意义务并实质上制造了不被允许的风险。过失犯结果不法的成立要求：1. 违反客观注意义务的行为是引起法益侵害结果的条件行为；2. 法益侵害结果是违反客观注意义务的过失行为所制造的不被允许的风险之实现；3. 过失行为对客观注意

---

① ［日］半田祐司. 不法問題としての過失犯論［M］. 東京：成文堂，2009：154.
② ［日］山中敬一. 刑法総論：ロースクール講義［M］. 東京：成文堂，2006：198.

义务的违反与结果之间存在规范上的关联。第三点是客观归责理论对过失犯提出的归责要求，违反客观注意义务的行为与结果之间不仅要具备事实因果关系，还要存在规范上的关联即义务违反关联性（Pflichtwidrigkeitszusammenhang），此时结果责任才能归属于义务违反行为。所谓的义务违反关联性，抽象来说，就是客观注意义务为行为人创设了一条欲令其避免的"风险实现路径"，而行为人违反了客观注意义务，恰好走上了这条本该避免的"风险实现路径"，行为人沿着客观注意义务设定好的风险实现路径造成的法益侵害才能归责于行为人。① 建立在风险实现路径上的规范关联性审查分为两类，一类是审查结果的发生是否在规范效力的范围内，因为超出客观注意义务效力范围的即属于允许的风险范畴，本来就不属于立法者设定注意义务所要防范的对象；② 另一类是审查结果的发生是否在规范保护目的范围内，若结果超出了客观注意义务的规范保护目的，结果与义务违反行为之间则欠缺规范违反关联性。风险实现路径通过检验不被允许的风险是否现实化为具体结果、是否存在结果避免可能性以及结果是否在规范保护目的范围内，来判断过失渎职行为制造的不被允许的风险是否在结果中实现，最终确认结果责任能否归属于过失渎职行为。

一、不被允许的风险未实现对过失渎职结果不法的阻却

未实现不被允许的风险，表现为风险并没有具体地现实化为法益侵害结果。例如，国家机关工作人员在签订合同时，未认真核对原始凭证及数据资料就与对方达成口头签订协议，此时其过失渎职行为制造了可

---

① 许恒达. 合法代替行为与过失犯的结果归责：假设容许风险实现理论的提出与应用 [J]. 台大法学论丛, 2011（2）.
② 陈璇. 论过失犯的注意义务违反与结果之间的规范关联 [J]. 中外法学, 2012（4）.

能导致国家利益遭受重大损失的风险。但在正式签订合同之前，国家机关工作人员审核了相关资料，核查出了资产数目的漏洞，从而及时停止签约，法益侵害后果没有出现，先前过失渎职行为制造的风险并未实现。不过，在罗克辛教授构造的客观归责体系中，不被允许的风险未实现，指的是具体的法益侵害结果并非行为人所制造的不被允许的风险之实现，而是由于其他偶然原因导致。① 例如，受枪伤的被害人在住院治疗过程中因医院失火而被烧死，被害人死亡的结果不是开枪行为人对其制造的风险之实现，故排除被害人死亡结果对开枪行为的归属。在客观归责理论下，某个结果之实现并非来自以行为人地位所制造的法益侵害风险之实现，而是来自由他人开启并支配的新的因果历程且新的因果历程并非先前风险的加速或进一步发展，则行为人之客观归责关系将被阻断或排除，行为人无须对该结果负责。② 具体到过失渎职犯罪领域，若结果不是国家机关工作人员过失渎职行为所制造风险之实现，则排除过失渎职行为的可归责性。

《文物保护法》第62条规定，国家一级文物中的孤品和易损品禁止出境展览。某文物行政部门工作人员严重不负责任，批准一级孤品文物出境展览，在文物出库过程中，运输人员失手打破了该文物。过失批准文物出境展览的渎职行为，对珍贵文物制造了导致其流失或损毁的危险，且若无其批准行为，文物就不会出库，也不会造成毁损，故其过失渎职行为与文物毁损结果之间存在条件关系。但该文物最终损毁的结果是运输人员制造的风险之实现，故该结果责任不可归属于过失渎职行为。需要注意的是，未实现不被允许的风险规则中，具体的法益侵害结果虽然不是该风险制造行为之后果，但风险制造行为仍是法益侵害结果

① 张亚军.刑法中的客观归属论 [M].北京：中国人民公安大学出版社，2008：83.
② 蔡蕙芳.因果关系之条件理论与客观归责理论 [J].台湾本土法学杂志，2005，70.

的条件行为，否则应利用因果关系理论排除风险制造行为的归责前提。例如，林业主管部门工作人员过失为 A 发放了超过某林区允许采伐限额的林木采伐许可证，A 一直未进入该林区采伐，B 在该林区实施了滥伐林木的行为。林业部门工作人员过失发放林木许可证的渎职行为，制造了林木被 A 滥伐的不被允许的风险，但林木被滥伐的结果是由 B 造成的，故该过失渎职行为制造的不被允许的风险客观上未实现。然而，该过失渎职行为从根源上追溯即非导致 B 滥伐林木的条件行为，应从归因阶段认定该过失渎职行为不具备可归责性前提，不必适用未实现不被允许的风险规则。

二、欠缺结果避免可能对过失渎职行为风险实现的排除

如何检验结果是否处于客观注意义务的规范效力范围内，客观归责理论内部有结果避免可能性理论和风险升高理论两种解决方案。

（一）欠缺结果避免可能性阻却过失渎职犯罪的结果不法

结果避免可能性理论又称合法替代行为理论，其检验结果是否处于规范效力范围内的原理为，如果行为人违反客观注意义务创设了一个风险状态并最终导致了风险具体化为法益侵害结果，但即使行为人遵守了这一客观注意规范一般而言也不能降低这种状态出现的频率的话，该状态即是应当被允许的。① 例如，经典的德国刑事案例"山羊毛案"，工厂厂主本应按照规定将消毒后的山羊毛交予女工进行加工，由于其未对山羊毛进行消毒，导致数名女工被该批含有炭疽杆菌的羊毛感染而死。事后确认，当时的消毒技术不可能杀死炭疽杆菌，厂主依照规定消毒后女工仍有很大概率感染死亡。法院认为，除非消毒效果能够达到几近确

---

① ［德］普珀. 客观归责的体系. 徐凌波，曹斐，译［M］//陈兴良. 刑事法评论：刑法规范的二重性论. 北京：北京大学出版社，2017：300.

定不会使人感染的可能，否则不应视此为厂主之过失结果而归责于厂主。① 行为人遵照客观注意义务所指示的避免风险实现之途径行事而法益侵害结果仍然发生，证明客观注意义务所设定的避免风险实现的途径是无效的，即欠缺结果避免可能性。申言之，行为人没有违反客观注意义务而是选择实施了合法的代替行为时法益侵害结果仍会出现，法益侵害的实现就超出了注意规范的保护射程及效力范围，制造了不被允许的风险之条件行为与结果之间不存在规范关联性，由此可排除结果责任的归属。

我国台湾地区法院在刑事审判实践中，也采取了以欠缺结果避可能性为由排除风险实现行为之可归责性的做法，"……过失犯罪行为之不法，不只在于结果发生之原因，而且尚在于结果乃基于违反注意要求或注意义务所造成者，若行为人虽违背注意义务，而发生构成要件该当结果，但如以几近确定之可能性，而可确认行为人纵然符合注意义务之要求，保持客观必要之注意，而构成要件该当结果仍会发生者，则此结果即系客观不可避免，而无结果不法，行为人即因之不成立过失犯"②。台湾地区司法实务虽与德国刑法理论使用了不同的术语与概念，但在处理方式上却呈现高度一致性，均认可结果归责可成立的前提是，若实施符合注意义务的合法行为，该法益侵害结果几乎确定可以被避免，这样才可将法益侵害结果视为行为人所制造的不被允许的风险之实现，即要求行为人所尽的注意义务必须是可能避免结果发生的注意义务，如此才是一种有效的注意义务。③ 在欠缺结果避免可能性条件下，过失渎职行

---

① 谢治东. 论结果回避可能性与过失犯的归责 [J]. 政法论坛，2017，35（2）.

② 台湾地区"高等法院"台中分院 90 年度交上诉字第 19 号判决。

③ TSAI H F. Aesthetic Medicine Toning Laser Case: An Analysis of Theories of Probability to Prevent a Prohibited Result and Heightened Risk of Prohibited Result in Criminal Medical Negligence Cases [J]. Angle Health Law Review, 2019 (37).

为制造的风险之实现处于注意规范的效力外，风险之实现（结果）与风险之制造（过失渎职行为）之间缺乏义务违反关联性，结果不法被阻却，排除结果责任之于过失渎职行为的归属。监管过失型渎职犯罪还需对结果避免可能性作双重判断，倘若被监管者的风险制造行为缺乏结果避免可能性，则监管者履行客观注意义务也无法阻止被监管者所制造的风险实现为法益侵害结果，① 此时，赋予监管者的注意义务就是无效注意义务，应当排除对监管者的结果归责。

（二）不确定结果可能完全避免时适用罪疑唯轻原则排除结果责任归属

按照结果避免可能性程度的高低，结果避免可能性分为结果不可避免与结果可能避免两种情况。结果不可避免是，即使遵守注意义务，结果的发生仍是确定无疑或者几近确定无疑的。无论行为人遵守或违反客观注意义务结果都会发生或几近确定发生的话，要求行为人遵守义务的规范目的就会落空，故结果不可避免的情形必然可排除对行为人的归责。②

在结果可能避免的情况下，一般认为，若结果确定或者几近确定可以避免，则肯定风险制造与风险实现之间的规范关联性，将结果责任归属于制造风险的条件行为；但若无充分证据表明结果几近确定能够避免，只是有证据表明实施合法替代行为后结果可能（möglich）不会发生，此时应当适用罪疑唯轻原则作出对行为人有利的认定，否定结果责任之于行为人的客观归属。③ 这一原则对于以不作为形态实施的过失渎职行为的结果归责判断来说尤为重要。诚如前文所论证，在判断不作为

---

① 蔡仙. 论过失犯中结果避免可能性的判断方法 [J]. 苏州大学学报（法学版），2020，7（4）.

② 车浩. 阶层犯罪论的构造 [M]. 北京：法律出版社，2017：161.

③ 许恒达. 合法代替行为与过失犯的结果归责：假设容许风险实现理论的提出与应用 [J]. 台大法学论丛，2011（2）.

的过失渎职行为与结果之间是否存在准事实因果关系时适用"加入法"变体条件公式，只要行为人履行了作为义务后，结果不发生的可能性>0，即视其为结果发生的条件行为。这一判断标准较之通说所秉持的要确定结果达到"几近确定不会发生"的标准而言，实际上放宽了事实关联性的程度，降低了归责的门槛，扩大了归责对象的范围。因此，在归因阶段"宽进"，在归责阶段就要"严出"。归责阶段适用罪疑唯轻原则，可以收紧之前由事实因果关系理论放开的归因范围，严格限定结果责任的归属，从而维护刑法的人权保障机能。

案例9：被告人孙某系环卫所安全运行工作第一负责人，安排甲清理生活垃圾池及外排污水管道。由于检查井堵塞，导致垃圾池内污水无法流出，甲通过木梯下到检查井内疏通管道。甲下到井底即感到不适要求上井，但随即倒在井内。被告人孙某等人听到呼救声后报警，甲被救援上来已无生命特征。事后认定，孙某未检测井底危害气体类型及浓度且未督促甲佩戴防护用品进入有限空间作业，导致甲吸入井底积存的有毒气体急性中毒而死亡。①

具有危险性的生产作业领域通常都形成了本行业的作业规范或防护规范，负有安全生产监管职责的监管人员应当谨慎遵循行业规范的指示，排除或预防其职责范围内可能产生的风险。《密闭空间作业职业危害防护规范》（GBZ/T 205-2007）、《有限空间作业安全要求》（GB 12942-91）等相关注意规范，为负有监管职责的国家机关工作人员设定了避免风险实现的路径，即下入井底作业之前应当对有限空间的危险因素进行提前检测并监督从事危险作业的工作者严格佩戴防护工具。如

① 济南市章丘区人民法院（2020）鲁 0181 刑初 571 号刑事判决书。

案例 9 所示，被告人孙某违反客观注意义务导致甲死亡的结果，首先可以肯定其制造了不被允许的风险，且过失渎职行为与风险现实化结果之间存在因果关系和规范性关联。其次需要考察孙某实施合法的替代行为后结果能否避免。若现有技术能探明井底的毒害气体类型且现有防护措施能够有效防护工作者的安全，结果具备避免可能性，孙某成立结果不法，应对其进行结果归责；若现有技术无法查明井底的危险实况，也无法确保孙某履行了检测与督促劳动者佩戴防护用具的合法替代行为后死亡结果就一定能避免，则必须适用罪疑唯轻原则来排除对孙某的结果归责。

（三）谨慎适用风险升高理论判断渎职犯罪的结果责任归属

风险升高理论检验结果是否处于客观注意义务规范效力范围内的原理为，若行为人遵守了客观注意义务而法益侵害结果仍然有可能发生，只要能够确定行为人违反注意规范的行为显著提升了法益侵害结果发生的概率，实施合法替代行为能够降低结果发生的概率，便认定行为人实现了不被允许的风险，[①] 行为人的义务违反行为处于规范效力范围之内，从而肯定结果责任的归属。如运用风险升高理论来分析案例 9，只需证明孙某实施事前检测井下气体安全性及督促甲装备防护装置的合法替代行为能够降低甲死亡的概率，即可将甲的死亡结果归属于孙某。首先，不可否认的是，较之结果避免可能性理论，风险升高理论将规范目的从"避免结果发生"转变为"降低风险"，[②] 这固然降低了义务违反关联性的证明难度以及归责标准，[③] 对法益的保护更为周延有利，然而在多数场合下，只要注意规范设定的避免风险实现之路径是有效的，那

---

① 王丹. 失犯归责判断的标准及其路径 [J]. 中国刑事法杂志，2015（4）.
② 蔡仙. 过失犯中风险升高理论的内在逻辑及其反思 [J]. 清华法学，2015，13（2）.
③ 劳东燕. 事实因果与刑法中的结果归责 [J]. 中外法学，2019（4）.

么实施合法的替代行为能够降低结果发生的概率几乎是一个确定的事实，这就意味着除非结果确定或几近确定不可避免，否则行为人一旦违反客观注意义务就升高了法益侵害的风险，罪疑唯轻原则在风险升高的理论场域内失去了作用空间，风险升高理论无疑削弱了刑法人权保障的机能。其次，风险升高理论有将实害犯转化为危险犯之嫌。① 风险升高理论关注的重点在于法益侵害结果发生的风险之概率，并不重视结果的属性或结果状态的改变。② 而"概率升高"仅仅表示法益受到侵害的可能性提高，如若法益受到侵害的可能性提高但最终未实现为具体的法益侵害结果，此时对行为进行归责即是将归责的时间节点提前到结果未发生时，这无疑混淆了实害犯与危险犯的归责界限。最后，无论是明显升高法益侵害风险抑或降低法益侵害风险都只是概念性的构想，风险升高的概率在个案中无法被具体查明和量化，从事实和规范层面均难以回答条件行为将法益侵害结果发生的概率提高多少才能对其进行归责，该理论缺乏统一的衡量尺度和可操作性。因此，应谨慎考虑在过失渎职犯罪的结果责任归属判断过程中适用风险升高理论。

三、规范保护目的理论对过失渎职行为风险实现的限制

在确定合法的替代行为能够避免结果发生的前提下，义务违反关联性还要利用规范保护目的理论来考察结果是否处于注意义务规范保护目的范围之内。③ 规范保护目的理论最早在民法领域被用于解决损害赔偿问题。该理论提出，立法者创设某个规范的目的在于防止特定的损害，

---

① 转引自徐成. 论风险升高理论的法理证成：基于事实推定的视角 [J]. 苏州大学学报（法学版），2018，5（4）.

② ［德］金德霍伊泽尔，陈璇. 风险升高与风险降低 [J]. 法律科学（西北政治大学学报），2013，31（4）.

③ 陈璇. 刑法归责原理的规范化展开 [M]. 北京：法律出版社，2019：139.

因此并非所有损害的发生都可以归咎于加害人，只有受规范保护的利益遭受的损害才可归责于加害人。① 在刑法领域，规范保护目的这一术语至少指向三重概念，包括指涉法益保护的规范保护目的、阐明构成要件适用范围的规范保护目的以及作为过失犯结果归属限制原理的客观归责下位规则的规范保护目的。②

　　指涉法益保护的规范保护目的将法益保护视为刑法规范的最高目的，这一层面的规范保护目的实际上等同于刑法目的，只具有宏观象征意义而难以转化为具体的判断规则，因为所有的犯罪行为都造成了法益侵害，所有的犯罪行为造成的法益侵害结果都处于规范保护目的的范围内，则规范保护目的理论的存在也就毫无意义。阐明构成要件适用范围的规范保护目的确切来说是构成要件保护目的，构成要件保护目的同属于客观归责的下位规则，其作用是排除不包含在构成要件规范中的行为之结果责任归属，如过失杀人罪的构成要件规范中不包含过失将绳索放置在桌上致使他人利用该绳索自杀的举止方式。③ 作为过失犯结果归属限制原理的客观归责下位规则的规范目的是指注意规范保护目的，刑法分则中所有规定了犯罪构成要件与刑罚的条文都为行为人设定了一项或多项注意规范，每项注意规范都具有各自特定的规范保护目的，④ 即某种行为可能引起某种特定法益侵害结果的发生时，行为人必须停止实施该行为以避免该特定法益侵害结果的出现。⑤ 构成要件保护目的与注意规范的保护目的运作逻辑的区别在于，被构成要件保护目的所排除结果责任归属的是无法为构成要件的既有类型所涵摄的法益侵害行为，⑥ 而

① 叶金强. 相当因果关系理论的展开 [J]. 中国法学，2008（1）.
② 马寅翔. 规范保护目的与构成要件解释 [J]. 中外法学，2021，33（2）.
③ 张亚军. 刑法中的客观归属论 [M]. 北京：中国人民公安大学出版社，2008：107.
④ 姜涛. 规范保护目的：学理诠释与解释实践 [J]. 法学评论，2015，33（5）.
⑤ 李波. 规范保护目的：概念解构与具体适用 [J]. 法学，2018（2）.
⑥ 马寅翔. 规范保护目的与构成要件解释 [J]. 中外法学，2021，33（2）.

被注意规范保护目的排除结果责任归属的是制造并实现了不被允许的风险且有实害发生但未发生构成要件范围内的危险现实化的行为。① 诚如罗克辛教授所言,实现不被允许的风险的判断与注意规范的保护目的有关,而与犯罪构成要件的保护目的无关,② 在风险实现判断环节发挥作用的应当是指作为过失犯结果归属限制原理的客观归责下位规则的规范保护目的。

（一）过失渎职犯罪的因果流程应当被注意规范的保护目的所涵盖

客观归责理论引入规范保护目的理论来限缩过失犯结果归责的范围。结果归责的成立必须符合如下规则:导致结果发生的因果流程能够被注意规范的保护目的所涵盖。③ 若结果不是违反注意规范目的的过失渎职行为所制造的风险之实现,则结果不在规范保护目的范围内,过失渎职行为没有实现不被允许的风险,结果的发生与过失渎职行为之间缺少规范关联性,自然也不具备刑法意义上的可归责性。④ 规范保护目的理论作为客观归责的最后一道限制屏障,旨在排除制造并实现了不被允许的风险、具备结果避免可能性但法益侵害结果不属于规范保护目的的范围内的条件行为之结果责任归属,以求过失犯结果责任归属限制功能的最大化实现。

案例 10:被告郭某是省交通局道路运输管理所道路运输稽查员,负责对辖区内的违法运输车辆进行查处,发现车辆有超载超限、无道路

---

① 胡洋. 规范保护目的与过失犯的归责研究 [M] //赵秉志. 刑法论丛:第53卷. 北京:法律出版社,2018:145.

② [德] 罗克辛. 德国刑法学总论:第一卷 [M]. 王世洲,译. 北京:法律出版社,1997:256;

③ [德] 普珀. 规范保护目的理论. 李圣杰,译 [C] //民主·人权·正义:苏俊雄教授七秩华诞祝寿论文集. 中国台湾:元照出版有限公司,2005:99.

④ 于改之. 法域协调视角下规范保护目的理论之重构 [J]. 中国法学,2021 (2).

运输证等违法行为及时查处。被告郭某在治超工作中，不认真履行查处职责，致使没有从业资格证的司机乔某，长期多次无证驾车拉运水泥。在某次拉运水泥的过程中，乔某驾驶的散装水泥罐车发生侧翻，将骑、坐电动摩托车的高某和代某当场撞死。①

就案例 10 的案情，审判机关在判决书中写道："被告郭某……在工作中不认真履行监管职责，因监督过失造成没有从业资格证的司机载货拉运一年有余，最终导致二人死亡的交通事故发生……与交通肇事致二人死亡的危害后果存在刑法上的因果关系，构成玩忽职守罪。"从因果关系的角度来分析，若郭某谨慎履行监管职责，认真查处并禁止无证车辆上路，则无证驾驶的乔某被禁止上路运输的可能性>0，继而不发生交通事故并致人死亡的结果可能性也>0，故郭某的监管过失渎职行为的确是导致死亡结果的条件行为。审判机关仅以郭某的过失渎职行为与结果之间存在因果关系为依据将结果责任归属于郭某，实际上是以事实归因直接代替了规范归责，存在扩大责任范围之嫌，还需严格按照归责步骤进行结果责任归属的限缩。郭某的过失渎职行为制造了并实现了不被允许的风险，且该案中存在结果避免可能性，接下来若能肯定交通肇事所导致的两人死亡结果属于玩忽职守罪的规范保护目的，才可最终将结果责任归属于郭某的过失渎职行为。

（二）过失渎职犯罪中注意规范保护目的的"注意规范"范围明确

过失渎职犯罪注意规范保护目的中的"注意规范"一方面是指刑法规范，另一方面也包括作为刑法下位规范的行政法规范。② 对于过失渎职犯罪来说，注意规范的内容即基准职务行为的要求。注意规范保护

---

① 襄汾县人民法院（2016）晋 1023 刑初 155 号刑事判决书。
② 刘艳红. 注意规范保护目的与交通过失犯的成立［J］. 法学研究，2010，32（4）.

目的，是刑法规范及刑法分则条文中指向的行政法规范以及相关党内法规制度，为国家机关工作人员设定的基准职务行为所期望且所能避免的特定法益侵害结果——注意规范保护目的不可能，也没有必要避免所有法益侵害结果。① 被告人郭某作为 X 省的道路运输稽查员，其基准职务行为由《道路运输从业人员管理规定》《X 省道路运输条例》《X 省道路货物运输源头治理超限超载暂行办法》《X 省治理车辆非法超限超载工作责任追究办法》等行政法规范设定，该类规范的保护目的在于，督促郭某等国家机关工作人员及时发现并纠正违法的道路运输行为，而不是要求郭某通过认真履行基准职务行为从而避免所有道路安全事故的发生。因此，因监管渎职行为致使乔某多次无证非法运输这一结果在玩忽职守罪的规范保护目的范围内，而乔某无证驾驶引起交通事故致人死亡的结果则不属于玩忽职守罪的规范保护目的范围，故应排除乔某交通肇事案件中两人死亡的结果之于郭某的责任归属，在构成要件符合性阶层就可以否定郭某成立玩忽职守罪。

---

① 陈璇. 论过失犯中注意义务的规范保护目的 [J]. 清华法学，2014，8（1）.

第五章

过失渎职犯罪的过失要素：双重定位及功能分化

　　在犯罪构成体系中，过失要件在体系地位方面经历了重要变化。古典派犯罪论构成体系将犯罪的客观面与主观面一分为二：犯罪的客观方面表现为行为人实施了符合构成要件的行为并造成了结果；过失作为犯罪的主观方面，则是指行为人引起法益侵害结果之行为时的心理状态。这种将过失视为纯粹的心理态度看待，并以之作为行为人应受谴责的主观责任基础的观点，被称作心理责任论。① 在心理责任论的支持下，古典派犯罪论构成体系塑造了"客观不法"与"主观责任"截然对立的犯罪形态，过失被单纯定位为行为人的主观责任要素并置于有责性阶层。但心理责任论无法解释规范意义上的无认识过失为何应受谴责，后逐渐被规范责任论所取代。规范责任论指出，在过失特别是无意识的过失中，存在行为人应该预见并且能够预见，却由于不注意而没有预见的规范性要素，② "对结果的发生无认识本身并不是行为人的责任基础，只有应当预见而未预见到这种规范性评价才是其主观责任的依据"③。过失的存在是对行为人进行谴责的前提，而责任基础则是其因过失心态

---

① 付立庆. 犯罪构成理论：比较研究与路径选择［M］. 北京：法律出版社，2010：296-297.

② 冯军. 刑事责任论［M］. 北京：社会科学文献出版社，2017：111-119.

③ ［日］西田典之. 日本刑法总论［M］. 王昭武，刘明祥，译. 北京：法律出版社，2013：179.

而违反规范的谴责可能性。规范责任论把过失区分为心理事实和规范评价两个层面，加之后来的新古典派犯罪论构成体系揭示了主观违法要素的存在打破了"不法是客观的、责任是主观的"这一认知，过失的体系性地位不再局限于责任阶层，开始向不法阶层渗透。直到目的行为论舍弃了纯粹身体动静的行为概念，将行为定义为"目的性的实施"，过失才作为构成要件行为不可分割的一部分，过渡到了构成要件阶层成为构成要件要素。基于构成要件的违法推定功能，过失也被称为主观不法要素，因此自目的行为论犯罪论体系开始，过失具备了主观不法要素与责任要素的双重体系地位。在不同的犯罪阶层之中，过失的具体内容、认定标准与归责机能各有不同。对于过失渎职犯罪的过失，也应从主观不法以及主观罪责两个层面进行考察。本章首先对主观不法层面过失渎职犯罪的过失内容进行界定，明确过失渎职犯罪主观不法的实质及主观不法成立的标准；从责任层面的过失概念出发分析过失渎职犯罪主体责任能力的一般化和个别化，继而探讨行为人的违法性认识错误对过失责任的阻却效果。

第一节　过失渎职犯罪的主观不法：
双层次结果预见义务的违反

一、过失渎职犯罪主观不法应以违反结果预见义务为本质

在传统刑法以结果犯为过失犯罪的唯一形态的背景下，刑法规范赋予了行为人"应当预见到自己行为可能造成法益侵害结果"之主观注意义务以及"应当避免这种法益侵害结果发生"之客观注意义务。其中，前者又称结果预见义务，后者称结果避免义务。有观点认为，过失

犯不法层面的过失是对结果避免义务的违反，而责任过失是对结果预见义务的违反。① 必须明确的是，不法要素承担着犯罪个别化机能，这是过失犯罪得以在构成要件阶层与故意犯罪相区分的关键。故意和过失犯罪的行为人，在客观上都违反了客观注意义务即结果避免义务，这属于客观不法的范畴，且故意犯罪与过失犯罪客观不法的内容并无二致，如仅将结果避免义务的违反视为不法要素，则故意与过失在构成要件层面便无法区分。目的行为论将行为视为客观身体动静与行为人主观目的的统一，行为中包含主观要素，因此，过失也是违法要素。作为过失中心要素的结果预见义务当属主观违法要素，违反结果预见义务成立过失主观不法。② 只有将行为人对主观注意义务即结果预见义务的违反纳入不法层面作为主观不法要素，故意犯罪行为人对自己的行为可能造成的法益侵害结果发生可能性有着清晰预见和认知，而过失犯罪行为人不具备这种预见和认识，这才体现了故意犯罪和过失犯罪在不法层面的区别，才能实现构成要件的个别化机能。

法律不期待法益被侵害，无论是被故意侵害还是被无认识侵害。因此，规范责任论指出，法律对故意犯罪或过失犯罪主观不法的谴责，并非行为人实施犯罪行为时故意或者过失的纯粹心理状态，而是其主观上缺乏遵守"禁止侵害法益"的行为规范之自觉性，主观上也具备规范违反性。依据规范责任论，法律并非对行为人实施犯罪过失行为时对法益侵害结果发生可能性"无认识"这种心理事实进行谴责，其谴责的是行为人违反主观注意义务、令自己陷入欠缺对可能发生的风险之认识的瑕疵状态，即行为人"未履行'去履行避免结果发生'的客观注意

---

① 陈兴良. 过失犯论的法理展开 [J]. 华东政法大学学报，2012（4）.
② 钊作俊. 略论德日刑法理论中的注意义务 [J]. 郑州大学学报（哲学社会科学版），2002（4）.

义务的主观注意义务"①。由此可以看出，结果预见义务一头连接了刑法为行为人设置的本质上属于行为规范的主观注意义务，另一头连接了行为人造成的事实法益侵害结果。所以，只有将结果预见义务的违反作为主观不法的构成要素，"结果预见义务的违反"才能成为法规范与法益侵害事实的过渡衔接中点，从而使行为人欠缺风险认识的主观瑕疵状态具备规范上的可谴责性，② 方能符合规范责任论对过失犯罪主观不法的规范违反性定义。

当过失犯的讨论场域从结果无价值论转向行为无价值论后，行为不法成为过失犯罪不法评价的重心，结果预见义务是否还有参与认定过失不法的功能和价值成为争论的焦点。部分学者主张，废除结果预见义务亦不妨碍过失不法判断的"预见义务不要说"，主要理由有：1. 若结果预见义务表征的是主观不法，那么故意犯罪的行为人岂能因履行了结果预见义务而不成立主观不法，故结果预见义务无法承担表征主观不法的功能。③ 2. 过失行为人履行了结果预见义务可能构成犯罪，不履行结果预见义务也可能不构成犯罪，故结果预见义务无法限定过失处罚范围。④ 上述第一种论点的不妥之处是，试图按照同样的主观不法标准去评判故意犯罪与过失犯罪。故意犯罪的行为人，预见和认识到自己的行为可能会造成法益侵害结果，但仍然选择开启、推进、控制结果发展的流程。从规范层面来看，故意犯罪的行为人面对法规范所构建的秩序展现出敌视的、对立的态度，⑤ 这种对规范的敌对意志才是故意犯罪主观

---

① 郑逸哲. 过失犯属主客观义务双重违反犯 [J]. 月旦法学教室, 2020 (211).
② 陈璇. 注意义务的规范本质与判断标准 [J]. 法学研究, 2019, 41 (1).
③ 劳东燕. 过失犯中预见可能性理论的反思与重构 [J]. 中外法学, 2018 (2).
④ 胡洋. 注意义务论纲：基于行为无价值论的新思考 [J]. 中国刑事法杂志, 2016 (2).
⑤ 喻浩东. 反思不法归责中的"特别认知" [J]. 苏州大学学报（法学版）, 2018, 5 (3).

不法的内核。故意犯罪与过失犯罪各自具有独立的主观不法判断资料，违反结果预见义务是衡量过失犯罪主观不法的标准，以此来表征故意犯罪的主观不法毫无意义。第二种观点的谬误在于，混淆了结果预见义务对于成立过失主观不法与成立过失犯罪的意义。只有在确认行为不法与结果不法成立、行为与结果间存在事实因果关系、结果责任可归属于行为人，则在过失不法、责任过失均成立且不存在责任阻却事由的情况下，才能判定过失犯罪的成立。结果预见义务的履行情况仅关系到主观不法的成立与否，主观不法的成立并不意味着过失犯罪的成立，因此，结果预见义务违反与否当然不能直接与过失犯罪的成立与否挂钩。过失处罚的范围是由客观注意义务、主观注意义务等义务综合决定的，结果预见义务必然无法限定过失处罚范围，但其对限定过失主观不法的成立范围而言却是不可或缺的。

过失渎职犯罪主观不法的认定，须检验国家机关工作人员对结果预见义务的履行是否予以了应有的重视。过失渎职犯罪的结果预见义务，是指国家机关工作人员应当预见其未妥善履行基准职务行为可能会造成渎职结果。基于过失渎职犯罪的身份犯属性，渎职结果的预见义务对国家机关工作人员而言实际上是一种法定的主体性义务。在刑法、行政法及党内法规制度等基准职务行为来源规范体系内，国家机关工作人员不可阻却地负有一定的渎职结果预见义务。申言之，只要上述法律为国家机关工作人员设定了某项基准职务行为，他们就负有应当预见不履行基准职务行为可能会造成渎职结果的义务。例如，2021 年修订的《中华人民共和国食品安全法》第四节规定，特殊食品应当经国务院食品安全监督管理部门或省级人民政府食品安全监督管理部门注册或备案。[①]《刑法》第 408 条之一规定，负有食品安全监管职责的国家机关工作人

---

① 《中华人民共和国食品安全法》第 76 条，第 80 条，第 81 条。

员，对不符合条件的特殊食品审批通过、准予许可的，成立食品、药品监管渎职罪。据此，各级食品安全监督管理部门工作人员均负有应当预见未严格按照监督标准审批特殊食品，可能会造成严重后果的结果预见义务。

二、传统结果预见义务理论与我国过失渎职犯罪立法的龃龉

过失犯罪主观不法的实质是对结果预见义务的违反，这里的"结果"在过失结果犯的语境下应理解为法益侵害结果，故过失渎职犯罪主观不法的实质是，国家机关工作人员应当预见自己的过失渎职行为可能造成法益侵害结果而没有预见到，即行为人对渎职结果的发生没有认识。我国刑法第 15 条规定了疏忽大意型过失与过于自信型过失两种过失心态。据此，国家机关工作人员对于其过失渎职行为可能造成的渎职结果，出于疏忽大意型过失的行为人根本没有预见，属于对渎职结果的发生无认识的过失；而出于过于自信型过失的行为人则是已经预见而轻信能够避免，属于对结果的发生有认识的过失。以传染病防治失职罪为例，疏忽大意型过失表现为，卫生行政部门工作人员没有认识到突发传染病病人可能导致大范围疫情扩散从而未采取隔离措施；过于自信型过失则是，工作人员认识到突发传染病的扩散可能性，但认为该传染病的传播效力不强，不必采取隔离措施，因而未将病人隔离。从刑法对两种过失类型的定义来看，疏忽大意型过失渎职犯罪的行为人对结果的发生没有认识，无疑违反了结果预见义务，但过于自信型过失渎职犯罪的行为人对结果发生的可能性是有认识的，难以认定其违反了结果预见义务，这就动摇了违反结果预见义务作为过失犯主观不法实质的根基。为了维持两种类型的过失在主观不法层面的一致性，有观点解释道：行为人基于过于自信这种对结果的发生有认识的过失心态，作出了结果不会发生之判断，则行为人主观上对结果的发生其实是没有认识的，所谓

"有认识"在实施犯罪行为的那一刻已经变成了"无认识"，① 过于自信型过失本质上也是对结果的发生无认识的过失，同样违反了结果预见义务。然而，无视现行刑法针对两者所作出的不同规定，强行抹平两种过失类型构造差异以求其在主观不法层面的表现之统一，这种解释方法并不可取。

从各国的刑事立法与司法实践来看，各国均对有认识的过失与无认识的过失作了一定的区分。如日本刑法理论将过失区分为认识到自己行为可能造成危险结果事实的"有认识的过失"和未认识到危险结果事实的"无认识的过失"；② 德国刑事司法判决和学说也把过失划分为无意识（unbewußte）和有意识（bewußte）两种形态，无意识的过失是行为人没有注意所要求的谨慎义务即"对此还不知"，有意识的过失是行为人认为自己有可能实现法定构成要件但又相信自己不会实现；③ 英国的刑事立法中没有使用过失犯罪的表述，但英国刑法区分了"过失"（negligence）与"轻率"（Cunningham）两种主观心态，其中过失是没有意识到危险，"轻率"则表现了行为人在认识到自己的行为会产生危险的结果的情况下仍冒此危险。④ 综上所述，我国刑法规定的疏忽大意的过失与日本刑法中的无认识的过失、德国刑法中的无意识的过失以及英国刑法中的过失相对应；过于自信型的过失与有认识的过失、有意识的过失和轻率相对应，两种过失类型分别有其各自的立法规范价值。从过失心理的构造来看，认识的"有"和"无"是实在的意思表现，

---

① 李居全. 论英国刑法学中的犯罪过失概念：兼论犯罪过失的本质 [J]. 法学评论, 2007 (1).

② [日] 甲斐克则. 责任原理与过失犯论 [M]. 谢佳君，译. 北京：中国政法大学出版社, 2016：88.

③ [德] 约翰内斯·韦塞尔斯. 德国刑法总论 [M]. 李昌珂，译. 北京：法律出版社, 2008：390.

④ 王雨田. 英国刑法犯意研究：比较法视野下的分析与思考 [M]. 北京：中国人民公安大学出版社, 2006：94.

"有"和"无"之间可以相互转化，有认识可以转变为无认识，无认识也可以转变为有认识，但不能以转化后的意思表现而否定转化过程前曾经存在的意思表现。即使行为人对结果可能发生的认识在实施行为的那一刻泯灭了，在经历这种"暂且产生的认识被否定"① 的意思转化过程之前，行为人的"有认识"是确实存在的。仍以传染病防治失职罪为例，卫生行政部门工作人员在发现疑似突发传染病病人后，意识到不隔离该病人可能造成传染范围扩大的后果，此时其对渎职结果的发生是有认识的；其又认为该传染病的传播力不强，即使不隔离也不会导致大面积疫情出现的后果，至此，行为人又判定渎职结果不会发生，在放弃采取隔离措施时对结果发生可能性的认识最终变为了"无"。但最终的"无认识"不仅不能覆盖先前的"有认识"，相反，前一阶段的"有认识"还是后一阶段"无认识"的判断基础。过于自信型过失较之疏忽大意型过失多了一重"对结果的发生有认识—对结果的发生无认识"的转化过程，两者之间有着心理构造上的不可抹灭的事实本质区别。

确认疏忽大意型过失与过于自信型过失在法规范与事实层面的差异后，就不得不正视在过失主观不法认定层面出现的问题：前者作为无认识的过失违反了结果预见义务，而后者作为有认识的过失并未违反结果预见义务，两者相互矛盾。结果预见义务理论本是日本刑法理论的舶来品，在利用域外刑法理论解决我国实际问题时，若直接采用"拿来主义"，往往会出现"水土不服"的后果。况且日本传统的结果预见义务理论自身尚不完善，有待补足。申言之，结果预见义务理论与我国过失犯立法存在龃龉，既是因为不同刑法话语体系之间的鸿沟，也是因为传统的结果预见义务理论自身存在问题需要进行革新。一方面，我国传统

---

① ［日］甲斐克则. 责任原理与过失犯论［M］. 谢佳君，译. 北京：中国政法大学出版社，2016：122.

上采用平面的四要件犯罪构成体系。在该体系中，过失作为行为人认识因素和意志因素的集合，仅表征行为人主观方面的心理罪过形态。即便我国已接纳了德日刑法研究的话语体系，结果预见义务、结果避免义务等术语被引入以阐释两种过失的本质，但在四要件犯罪构成体系中，结果预见义务的违反、结果避免义务的违反，只有描述疏忽大意型过失与过于自信型过失构造差异的存在性价值，而无法像在三阶层犯罪构成体系中那样，发挥构成要件个别化机能。另一方面，当前我国所借鉴的结果预见义务理论本就存在缺陷。日本刑法理论中的旧过失论以心理责任论为支撑，认为过失只存在于责任阶层；新过失论虽赋予了过失双重体系地位，但却主张结果预见义务的违反属于责任过失要素。① 也就是说，新旧过失理论均是在有责性阶层讨论结果预见义务的违反，结果预见义务理论主要用来界分责任故意与责任过失，行为人对结果发生可能性认识的有无不关涉不法的判断。

要实现结果预见义务理论与我国过失犯立法的契合，应遵循以下两条改进思路：其一，我国犯罪论构成体系的变革，可考虑以阶层犯罪论构成体系取代耦合式的四要件构成体系。在区分不法过失与责任过失的前提下，对过失的认定具有决定性作用的仅有正确评估结果发生可能性的主观注意义务，② 即突出违反结果预见义务理论对于成立过失犯罪主观不法的重要性，这一点有待理论界与实务界的共同努力与推进。其二，通过对传统结果预见义务理论进行改造，扩大"结果"的范畴，增加行为人应当预见的内容的层次，在承认疏忽大意型过失与过于自信型过失的行为人结果认识差异的基础上，将两类过失犯罪主观

---

① 陈兴良. 过失犯的规范构造：以朱平书等危险物品肇事案为线索 [J]. 比较法研究，2020（5）.

② 陈毅坚. 过失犯归责构造之反思与重构 [J]. 国家检察官学院学报，2021，29（4）.

不法的实质统一为违反新的结果预见义务，这一点是本书接下来致力解决的问题。

三、过失渎职犯罪双层次结果预见义务的理论构想与设计

（一）双层次结果预见义务的层次解剖及其合理性论证

传统结果预见义务理论以结果犯为过失犯的唯一犯罪形态为前提，这里的"结果"仅指法益侵害结果。随着过失危险犯得到一定的认可，作为过失犯第二种结果形态的法益侵害风险也应当被纳入过失犯的结果预见义务的"结果"范畴。法益侵害风险属于风险状态的维持，如果风险流程进一步发展，法益侵害风险就可以现实化为法益侵害结果。站在行为不法的视角，基于不被允许的风险理论对过失犯行为不法核心的重构，法益侵害风险形态出现在行为制造不被允许的风险阶段，而法益侵害结果形态出现在行为实现了其制造的不被允许的风险阶段。因此，从不被允许的风险理论来看结果不法的视角下的过失犯罪之"结果"，法益侵害风险是一种"风险制造"形态的结果，法益侵害结果则是一种"风险实现"形态的结果。再次转换至主观不法视角，行为人违反结果预见义务就应当分为两个层次：第一个层次是行为人应当预见自己的行为可能制造不被允许的风险从而造成法益侵害风险的风险预见义务，第二个层次是行为人应当预见自己的行为制造的风险有现实化为法益侵害结果的风险实现预见义务（参见图5-1）。双层次结果预见义务是一个有机的整体且内部存在顺位次序，风险制造预见义务是风险实现预见义务的前提。只有完整履行了风险制造预见义务和风险实现预见义务才可以评价为未违反结果预见义务。若行为人履行了风险制造预见义务但未履行风险实现预见义务，从整体上仍应当评价为违反了结果预见义务。

传统结果预见义务只有"应当预见法益侵害结果的发生"这一单

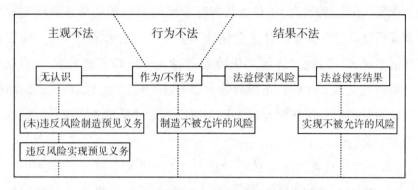

图5-1 过失犯罪不法要素与不法实质示意图

一预见标准。若以违反单一预见标准作为过失犯主观不法的实质，就会得出疏忽大意型过失具备过失主观不法，而过于自信型过失不具备过失主观不法的结论。若以双层次结果预见义务来解释两种过失的主观不法：对疏忽大意型过失而言，由于行为人的过失心理状态为对结果发生可能性从始至终的"无认识"，其对结果预见义务的违反就表现为行为人没有预见自己的行为可能制造并实现不被允许的风险，是对风险制造预见义务与风险实现预见义务的双重违反。过于自信型过失的行为人经历了"有认识—无认识"的过失心理转化过程，在第一个阶段，行为人的认识内容实际上是自己的行为可能会制造不被允许的风险；第二个阶段，行为人相信结果不会发生，是对自己所制造的不被允许的风险可能会实现这一结果没有认识，故过于自信型过失履行了风险制造的预见义务而违反了风险实现的预见义务，总体来看仍然是违反了作为一个有机整体的结果预见义务。例如，卫生行政部门工作人员在发现疑似突发传染病病人后，意识到不隔离该病人可能造成传染范围扩大的后果，此时其对风险的制造是有认识的；其又认为该传染病的传播力不强，即使不隔离也不会导致大面积疫情出现的后果，至此，行为人又判定渎职结果不会发生，在放弃采取隔离措施时对风险实现可能性的认识最终呈现

139

为"无"。卫生行政部门工作人员履行了风险制造预见义务而违反了风险实现预见义务，故从总体来看是违反了双层次结果预见义务，属于过于自信型过失。因此，适用"风险制造预见—风险实现预见"的双层次结果预见义务，能够在正视疏忽大意型过失与过于自信型过失的结构性差异的基础上，保持两种过失犯在违反结果预见义务、成立主观不法上的实质统一性。

（二）监管过失型渎职犯罪双层次结果预见义务的违反性分析

过失渎职犯罪分为直接侵害型过失渎职犯罪和监管过失型渎职犯罪。由于直接侵害型过失渎职犯罪行为人的过失渎职行为与渎职结果之间不存在介入因素，行为人的过失渎职行为直接制造、实现了不被允许风险，故直接侵害型过失渎职犯罪的行为人的双层次结果预见义务，仅需预见自己的过失渎职行为可能制造或实现不被允许的风险。当国家机关工作人员出于疏忽大意的过失直接制造或实现了不被允许的风险时，其同时违反了风险制造预见义务与风险实现预见义务；出于过于自信的过失，虽未违反风险制造预见义务但违反了风险实现预见义务。监管过失型渎职犯罪行为人的过失渎职行为与渎职结果之间，往往介入了第三人即被监管者的风险制造行为。渎职结果是被监管者直接制造的不被允许的风险或该风险的现实化，而监管者的过失渎职行为又为被监管者创造了得以制造或实现不被允许的风险之机会，故监管者相当于间接制造并实现了不被允许的风险。监管过失型渎职犯罪中存在直接与间接两对风险制造与风险实现关系，负有监管职责的国家机关工作人员的双层次结果预见义务究竟应当预见哪一对"风险制造—风险实现"关系值得探讨。

我国刑法学界对于监管者的结果预见对象有以下两种见解：第一种是监管者应当预见被监管者可能实施的行为，而无需预见被监管者可能造成的结果。原因在于监管者的监督义务是制止被监管者实施不当行为，因此预见被监管者的行为即可，要求预见被监管者可能造成的结果，对于监管者来说负担过高。① 第二种见解主张监管者应当预见被监管者可能实施的行为及该行为有可能造成的结果。因为被监管者的行为与结果之间存在因果关系，监管者能够预见被监管者的行为，便应同时预见该行为可能导致的结果。② 见解一的实质是认为监管者应当预见被监管者制造不被允许的风险，见解二则认为监管者应当预见被监管者制造并实现了不被允许的风险。在渎职犯罪的场合，基准职务行为的设定本就是为了避免可能发生的风险，违反具体基准职务行为所造成的渎职结果都是相对固定的，即使是有第三人行为介入的监管过失型渎职犯罪也不例外。比如，过失违反环境监督职责可能会导致第三人造成环境污染事故；过失违反传染病防控措施可能会造成大范围的疫情扩散和加重、人员伤亡、财产损失。对负有本管辖领域内相应监管职责的国家机关工作人员而言，要求其预见第三人可能造成的结果并未提高其负担，监管者应当预见被监管者直接制造或实现了不被允许的风险，见解二更为合理。

上述两种见解均未将监管者自身所制造或实现的间接风险，纳入结果预见义务的范畴进行考量。所谓监管者自身制造或实现的间接风险是指，监管者如果未能预见被监管者可能制造或实现的直接风险，其"未预见"就为被监管者制造或实现风险创造了机会，监管者的"未预见"本身也是一种间接的风险制造行为。若被监管者直接制造的风险实现了，那么监管者间接制造的风险也就间接实现了。在疏忽大意型监管过失渎职犯罪中，监管者没有预见被监管者可能直接制造或实现不被

---

① 王安异. 浅谈监督过失的注意义务［J］. 华中科技大学学报（社会科学版），2005（6）；童德华，马嘉阳. 刑法中监督过失的适用条件及归属限制［J］. 社会科学动态，2020（6）.

② 易益典. 论监督过失理论的刑法适用［J］. 华东政法大学学报，2010（1）；王良顺. 监督、管理过失及其判断［J］. 政法论坛，2010，28（6）.

允许的风险，因此也不可能预见自己的"未预见"间接制造或实现不被允许的风险，实际上既违反了直接风险制造预见义务，也违反了间接风险实现预见义务；在过于自信型监管过失渎职犯罪中，监管者预见被监管者可能制造或实现风险，却又认为该风险能够避免，没有违反直接风险制造预见义务，但违反了直接风险实现预见义务。在这种情况下，监管者对自身的过失渎职行为可能为监管者制造不被允许的风险创造了机会一定也有所预见，但没有预见其间接制造的风险会使第三人直接制造的不被允许的风险现实化为法益侵害后果，故其没有违反间接风险制造预见义务而违反了间接风险实现预见义务（参见表5-1）。

表5-1　监管过失型渎职犯罪双重结果预见义务的违反状态

类型	风险制造预见义务		风险实现预见义务	
疏忽大意的监管过失型渎职犯罪	直接风险制造预见义务	违反	直接风险实现预见义务	违反
	间接风险制造预见义务	违反	间接风险实现预见义务	违反
过于自信的监管过失型渎职犯罪	直接风险制造预见义务	未违反	直接风险实现预见义务	违反
	间接风险制造预见义务	未违反	间接风险实现预见义务	违反

第二节　过失渎职犯罪的责任过失：
行为人结果预见能力的评价

一、过失渎职犯罪责任过失要素的主观归责机能及其内在构造剖析

（一）主观归责中责任过失的"过失责任归属"机能

在古典派犯罪论体系中，犯罪构成被设定为客观的犯罪要件的外在描述，违法性则是对法律的形式性违反，即不法是客观的；有责性中的责任概念统摄了行为人所有的心理因素和精神因素，包括责任能力、主观罪过等表明犯罪主观方面的内容，即责任是主观的。[①] 在古典派犯罪论体系客观不法/主观责任的架构下，构成要件符合且具备违法性表明犯罪客观方面的成立，而客观犯罪事实能否归责于行为人的责任判断乃是主观方面的问题，即主观归责问题。在现代客观归责理论诞生之前，古典犯罪构成体系孕育的主观归责主旨为，依据因果关系理论确定的由行为人之行为引起的结果，只要引起该结果的行为处于行为人的控制之下，行为人对其结果就负有责任。由于古典派犯罪论体系中故意和过失只存在于有责性阶层，故在当时的过失犯罪领域，责任过失以一己之力挑起过失犯罪主观归责的大梁，将行为人的主观意志和目的作为归责判断的核心，认为人的意志可以在支配行为取向的同时决定不法的取向。[②] 然而，仅凭责任过失进行主观归责限制，条件说开启的因果关系范围对刑事追责的范畴而言仍然过于宽泛。例如，出售菜刀的老板，即使基于过失形态，其对售卖菜刀的行为具有控制性，出售行为与被害人的死亡结果之间存在事实因果关系，则其依然要为被害人的死亡结果负责。可见，由责任过失单独承担过失犯罪的整体主观归责机能实属力所不逮。

自目的行为论犯罪论体系之后，过失具备了主观不法与责任的双重体系地位，原本有责性阶层的过失内容大部分被转移至不法阶层，古典派犯罪论体系中的旧责任过失内容几乎被掏空，只剩下表征行为人可非难性或可谴责性的责任过失。[③] 不法与责任的区分标准由"不法是客观的，责任是主观的"转变为"不法是一般的，责任是个别的"，过失的

---

① 喻海松. 德国犯罪构造体系的百年演变与启示 [J]. 中外法学, 2012, 24 (3).
② 许玉秀. 主观与客观之间：主观理论与客观归责 [M]. 北京：法律出版社, 2008: 11.
③ 林山田. 论过失犯罪 [J]. 政大法学评论, 1981 (21).

主观归责机能也逐渐一分为二：过失主观不法关注行为人对双重结果预见义务的履行情况，双重结果预见义务的违反与否决定了过失不法的成立与否及过失的类型，因此主观不法过失在主观归责过程中发挥"过失不法认定"机能。责任过失重点关注的是行为人的责任能力，① 其在过失犯罪主观归责过程中的机能发挥颇为特殊。现代客观归责理论成型后，责任过失的归责机能既与客观归责的结果责任归属认定机能相对接，也与主观不法过失的过失不法认定机能相顺承——在客观归责阶段，若行为人制造、实现了不被允许的风险，则犯罪结果归属于行为人，可以在客观上评价为行为人的"作品"；在主观归责的过失认定阶段，若行为人违反了双重结果预见义务，则其具备过失主观不法。在这样的前提下，责任过失负责进一步判断行为人的主观不法是否应当为其制造的"作品"而受到刑法谴责，② 所以，责任过失在主观归责过程中发挥"过失责任归属"的机能。

责任过失的过失责任归属机能与过失主观不法的不法认定机能共同构成了过失犯罪主观归责机制，形成了完整的"过失认定—过失归责"主观归责逻辑。现代客观归责理论动摇了意志和目的的主观归责核心地位，转而从行为人客观上是否制造了不被允许的风险之判断对行为人意志所能支配的范围加以限制，③ 责任过失的归责逻辑由"意志决定不法"逆转为"只有客观上对法益侵害有重要法律意义的行为才可能是人的意志支配的"④，过失责任的归责机能随之从限定不法范围变为在

---

① 苏雄华. 犯罪过失理论研究：基于心理本体的三维建构［M］. 北京：法律出版社，2012：262.
② ［德］辛恩. 论区分不法与罪责的意义. 徐凌波，赵冠男，译［M］//陈兴良. 刑事法评论：第 37 卷. 北京：北京大学出版社，2016：277-278.
③ 陈尔彦. 现代客观归责理论的源流：从主观到客观［M］//赵秉志. 刑法论丛：第 63 卷. 北京：法律出版社，2021：248.
④ 许玉秀. 主观与客观之间：主观理论与客观归责［M］. 北京：法律出版社，2008：11.

客观归责限定的不法范围内判断不法的主观可归责性，责任过失作为纽带要素也实现了过失犯罪客观归责与主观归责的衔接。

（二）过失渎职犯罪责任过失要素的内在构造剖析

责任过失位于犯罪构成体系中的有责性阶层。在规范责任论的语境下，有责性阶层中讨论的"责任"之意义是可非难性或可谴责性，是行为人能够理解其行为的内容和在刑法上的性质，并据此决定、支配自己的行为，从而为其行为所造成的法益侵害结果或法益侵害风险承受刑法性非难的人格状态。[①] 有责性阶层的责任决定机制原理为，法规范期待行为人在内心形成反对制造或实现不被允许的风险之动机，[②] 如果行为人违反了法规范的期待未形成这种反对动机，则具有主观上的可非难性。因此，在犯罪结果得以在客观上评价行为人的"作品"后，还需考察该"作品"是否为行为人在主观可非难的情况下制造的。此时，若行为人具备责任过失，刑法对行为人进行谴责才具备了正当性，因此责任过失是行为人承担刑事责任的主观基础。责任过失既有规范的一面，也有事实的一面。前者是指过失犯罪行为人意志的可谴责性，具有归责的性质；后者则是指过失作为认识因素和意志因素相统一的心理状态，仅具有描述性作用。[③] 责任过失的认识因素是对风险制造或实现的无认识，意志因素则表现为既不追求也不放任风险的制造或发生。在司法实践中，事实心理状态的责任过失需在具体案件中寻找证据证明，而无需进行价值判断，故本书主要的研究对象是规范归责意义上的责任过失。

规范层面的责任过失表征过失犯罪行为人的主观可谴责性，这种可

---

① 冯军. 刑事责任论 ［M］. 北京：社会科学文献出版社，2017：111–119.

② 劳东燕. 责任主义与过失犯中的预见可能性 ［J］. 比较法研究，2018（3）.

③ ［德］诺伊曼，王效文. 犯罪行为人的罪责：心理的事实还是规范的归责 ［J］. 成大法学，2016（32）.

谴责性仍然以规范责任论为依据。过失行为人本可以通过履行法规范所设置的主观注意义务而形成合乎规范的行为动机，但行为人最终在主观上违背了法规范对其施加的"以合乎规范的动机实施行为"之期待。①具体到过失渎职犯罪领域，责任过失表现为国家机关工作人员本来有能力、有资质预见其不履行基准职务行为可能会直接或间接地制造、实现不被允许的风险，但其没有运用这种能力或资质，从而使法规范对其履行"风险制造预见—风险实现预见"之双重结果预见义务的期望落空。规范层面的责任过失关注重心在于行为人对自身结果预见义务履行能力，即结果预见能力之动用。"行为人有过失不法尚不足以证明刑事责任的存在，须进一步考察行为人为何会有过失不法，若是能为而不为，则具有非难可能性，应予以处罚；若是不能为而不为，则欠缺非难可能性。"②所谓"能为"或"不能为"是指行为人能否行使自己的结果预见能力以履行双重结果预见义务。能为而不为，行为人具备责任过失，刑法可以因其造成的法益侵害结果或法益侵害风险谴责其过失主观不法；若不能为而不为，则不具备责任过失。行为人"能为"或"不能为"受到两方面的影响：其一，行为人是否具备动用或正确动用其责任能力的前提；其二，以行为人的个人责任能力水平，是否能够履行或正确履行法规范为其设定的主观注意义务。

另外，行为人的"不为"也并非在任何情况下都成立责任过失，"只有行为人对某一行为的构成要件及行为违反法律的属性均有正确的认识，或者他具有正确认识上述要件的可能性时，该行为才具有可谴责性"③。"对某一行为的构成要件有认识或认识可能性"即行为人预见其

① [德]韦尔策尔.目的行为论导论：刑法理论的新图景[M].陈璇，译.北京：中国人民大学出版社，2015：57.
② 黄荣坚.基础刑法学[M].北京：中国人民大学出版社，2009：394.
③ [德]韦尔策尔.目的行为论导论：刑法理论的新图景[M].陈璇，译.北京：中国人民大学出版社，2015：74.

行为可能制造或实现不被允许的风险的可能性，这种预见可能性被称为结果预见可能性。风险制造和风险实现在客观上应当是能够被预见的。若客观上就不存在结果的可预见性，则行为人无从预见乃至实施避免风险制造或实现的行为，故不能对行为人的过失不法进行非难；若客观上存在这种结果预见可能性，且以行为人的个人责任能力，其在主观上也有可能加以预见即存在主观结果预见可能性，行为人"能为而不为"才具备可非难的正当性基础。一言以蔽之，客观预见可能性是法律要求行为人的"应当预见"，是责任过失成立不可或缺的前提，欠缺客观预见可能性时，阻却行为人责任过失的成立；① 主观预见可能性则是行为人以自身的能力可以达成的"能够预见"，行为人的个人结果预见能力，即主观预见可能性属于责任过失的构成要素。"对行为违反法律的属性有正确的认识或认识可能性"乃行为人有分辨其行为是否与法规范设定的行为规范相抵触的能力或分辨可能性。简言之，就是指行为人在行为时处于能够认识到自身行为的违法性的情形。② 违法性认识是行为人已经认识到自己的行为违法，违法性认识可能性则是指行为人有能力认识到自身所实施之行为的违法性。③ 只有行为人的责任能力能保证其正确认识到自己的行为可能制造或实现的风险是不被允许的，其风险制造或风险实现行为才是可谴责的；若行为人不具备违法性认识或认识可能性，则阻却责任过失的成立。犯罪过失中违法性认识或违法性认识可能性的对象是行为人的主客观注意义务，④ 在过失渎职犯罪中则具体表现为法规范为国家机关工作人员设定的基准职务行为。国家机关工作人员必须熟知其基准职务行为的内容，以及不履行、不认真履行基准职

① ［日］杉本一敏．結果無価値論から見た過失犯の結果回避可能性［C］//高桥则夫．曽根威彦先生、田口守一先生古稀祝賀論文集．東京：成文堂，2014：540.
② 田宏杰．违法性认识研究［M］．北京：中国政法大学出版社，1998：59.
③ 陈兴良．走向规范的刑法学［M］．北京：北京大学出版社，2018：253.
④ 张波．罪过的本质及其司法运用［M］．北京：法律出版社，2014：171.

务行为将会制造或实现的不被允许的风险。因此，国家机关工作人员不能以"不知自己负有法规范设定的相关职责"为由，抗辩自己不具备违法性认识或认识可能性。故在过失渎职犯罪领域，欠缺违法性认识或违法性认识可能性不能作为国家机关工作人员成立过失渎职犯罪的责任阻却事由。

二、规范保护目的范围内过失渎职犯罪客观结果预见可能性的对象

过失犯罪的归责重点在于行为人制造或实现了不被允许的风险。只有当行为人知悉不制造、不实现不被允许的风险对于法益保护的意义时，才能够在动机上促使其避免实施风险制造或风险实现行为。[①] 这一切得以实现的前提是，客观上存在预见制造或实现不被允许的风险之行为可能造成法益侵害的可能性，即存在客观的结果预见可能性。考察过失犯罪是否存在客观结果预见可能性，首先要明确法规范期望行为人预见的对象是什么。对此，刑法理论中有危惧感说、预见可能性不要说与具体预见说的对立。

（一）过失渎职犯罪客观结果预见可能性对象甄别的理论聚讼

以日本新新过失论为理论基础诞生的危惧感说指出，由于法益侵害结果本身不能为行为人提供基准行为规范，过失行为人即使不具备对具体法益侵害结果的预见可能性，也能够认定其违反了行为规范。因此，无需具体预见结果发生的因果历程，只要过失行为人能够对该结果的发生抱有危惧感或不安感即可。[②] 若某一类型的法益侵害结果存在发生的可能性，行为人对结果可能发生就会抱有危惧感和不安感，一旦该结果

[①] 许恒达. 过失犯的预见可能性与回避可能性——构建过失归责的理论尝试 [J]. 中研院法学期刊，2020 (27).

[②] ［日］高桥则夫. 刑法总论 [M]. 李世阳，译. 北京：中国政法大学出版社，2020：191.

发生，即可推定行为人存在预见可能性，这种认定思路被称作"一旦定式"。日本最高法院通过"川治王子酒店火灾事件"和"新日本酒店火灾事件"这两个业务过失致死伤罪案件的判决，确立了"一旦定式"的客观预见可能性判断标准：酒店负有保障入住者生命安全的义务，火灾发生的可能性在一般情况下都是存在的，如果酒店负责人知悉自己的酒店在防火的设备及人员配置上存在缺陷，那么就应当知晓一旦起火，不熟悉逃生通道的入住者将面临死亡的危险。① 根据危惧感说，在酒店防火措施存在缺陷的情况下，酒店负责人对于入住者因火灾而死亡的结果抱有危惧感或不安感，则一旦起火，便推定其存在客观的结果预见可能性。然而，"一旦定式"的判断逻辑无疑是把危惧感说简化到了只要有"不可将某种危险认为绝不存在而无视""不知道会发生什么，但是好像会发生某种事情"这种程度的不安感就足够的地步。在过失渎职犯罪领域，法规范为国家机关工作人员设定的特殊基准职务行为，目的在于防止国家机关工作人员本人或第三人制造或实现特定的不被允许的风险。过失渎职犯罪主体，尤其是监管过失型渎职犯罪主体总是处于"不知道会发生什么，但是好像会发生某种事情"的状态下，则适用危惧感说的"一旦定式"标准，一旦渎职结果发生，恒可推定国家机关工作人员存在客观结果预见可能性，这实际上已然偏向了"预见可能性不要说"。

预见可能性不要说是以预防刑法中的管辖理念为基础发展起来的归责原理，不被允许的风险在谁的职责管辖范围内，谁便需要对风险的制造以及风险现实化的法益侵害结果负责。② 预见可能性不要说放弃了对客观预见可能性的考察，不再考察行为人是否对相应的风险制造或风险

---

① 赵姗姗. 论监督过失的客观预见可能性 [J]. 中国法研究，2018（7）.

② 劳东燕. 过失犯中预见可能性理论的反思与重构 [J]. 中外法学，2018，30（2）.

实现具有预见可能性，而是紧扣规范保护目的的精神，只要求法益侵害风险或者法益侵害结果在法规范为行为人所划定的预防损害的类型范围之内。一旦行为人的职责管辖范围内发生了不被允许的风险或风险实现为法益侵害结果，行为人也有被归责的可能性。预见可能性不要说的关注重心在于答责范围，即谁有职责防止特定的法益受到侵害，在法益受到侵害之后，对其拥有管辖义务的主体便需为侵害而答责。过失渎职犯罪的行为人均由法规范为其设定好管辖范围与基准职责，依照预见可能性不要说，其应当为管辖范围内发生的法益侵害答责。基于"无罪责即无刑罚"的刑法原则，那么其在责任阶层必须成立过失，这就意味着过失渎职犯罪的行为人必须对管辖范围内所有可能出现的风险都能够有所预见。所以，预见可能性不要说并非舍弃了客观预见可能性的概念，而是拟制推定管辖主体不论在何种情况下、不论主观预见能力如何，均能够预见自己管辖范围内的法益侵害结果，从而减小了责任过失成立的证明难度。预见可能性不要说虽然有利于司法实践对过失渎职犯罪的追诉，但入罪门槛的降低无疑使刑法在法益保护与人权保障的机能之间过分偏向前者，加重了过失渎职犯罪行为人的刑事责任负担。

鉴于危惧感说对于责任过失认定的严苛性，即使在其理论发源地日本，除了森永毒奶粉事件等极为少数的案件采纳了这一标准，日本裁判实务普遍对危惧感说持否定态度。如"北海道大学电动手术刀事件"的二审判决书中阐述道：若行为人对特定内容抱有一般性、抽象性的危惧感或不安感的，仅在这种程度就对其科处注意义务从而追究其过失责任，无疑过失犯的成立范围陷于无限制的趋势。① 预见可能性不要说更是仅停留在理论层面，尚未得到实务界的有力支持。当前，要求过失犯

---

① 程皓. 注意义务比较研究：以德日刑法理论和刑事判例为中心 [M]. 武汉：武汉大学出版社，2009：89.

罪行为人预见构成要件结果以及因果关系的具体预见说是各大法系刑法理论的通说。具体预见说内部对结果及因果关系之预见的具体程度看法各不相同。如美国刑法认为现实侵害（actual harm）和法律因果关系（legal causation）是应当被预见的。① 我国台湾地区学者亦赞成客观结果预见可能性的对象为该不法构成要件的结果、实现结果的因果关系以及行为的具体危险性等。② 虽说是对"具体"结果或危险性以及因果关系的预见，但要求行为人预见结果具体会在哪一时刻哪一地点以何种形态呈现，几乎是不可能的。在过失渎职犯罪中尤其是有第三人介入的监管过失型渎职犯罪中，负有监管职责的国家机关工作人员很难预见被监管人在何时、何处以何种方式制造何种数量、情节严重程度如何的渎职法益侵害风险或法益侵害结果。对具体细节的难以预见意味着欠缺客观预见可能性，欠缺客观预见可能性即可阻却责任过失的成立。所以，适用预见现实结果与具体因果流程的具体预见说，不无放纵犯罪的弊端。因此，必须在保证行为人客观结果预见之内容足够"具体"的基础上，对"结果"和"因果关系"进行一定程度的抽象化。

（二）过失渎职犯罪客观预见可能性的对象：危险形态或实害形态的渎职结果

具体预见说内部又分为两派。一派认为，客观预见可能性的"预见"应理解为对特定构成要件结果以及因果流程的基本部分有所预见。③ 就结果部分而言，要求行为人预见构成要件限度内的结果；就因

---

① NEETHLING J. POTGIETER J. Foreseeability：Wrongfulness and Negligence of Omissions in Delict——The Debate Goes On：MTO Forestry（Pty）Ltd v Swart NO 2017 5 SA 76（SCA）[J]. Journal of Juridical Science，2018，43（1）.

② 洪兆承. 预见可能性的对象与资讯收集义务——从监督过失的案例谈起 [J]. 中原财经法学，2019（43）.

③ [日] 松原芳博. 刑法总论重要问题 [M]. 王昭武，译. 北京：中国政法大学出版社，2014：224.

果流程而言，并不必对实际上的具体因果经过有预见，只需对符合构成要件的因果经历的最低限度的基本部分有所预见——"由一般人的立场来看，能够预见该当行为与结果发生之间的基本因果经过的话，那么便为已足"①。另一派则认为，预见构成要件结果即可，因果关系的预见可能性则是非必要的，"以对结果具有预见可能性，却不能预见因果流程为由否定责任非难是不合理的"②。德国刑法理论的基本立场与后一派的观点相似，要求行为人预见在被其违反的注意义务的保护范围内所发生的具体结果是其所制造的危险之实现，但危险是以何种具体形式和方式实现的——因果历程的细节——并不要求行为人预见。过失犯罪的客观结果预见可能性中无须包含因果发展流程。首先，一般人只要能预见构成要件结果，不管中间的因果流程多么离奇罕见，其总能设想到实现该结果的某种途径。所谓因果流程的"基本部分"不过是个无法给出明确界定的概念性设想，日本刑法学界迄今为止也未就何为因果流程的基本部分达成一致。其次，若将因果流程纳入客观预见可能性的对象范畴，那么若行为人无法预见因果流程，或者其预见的因果流程与事实上的因果流程不符，就应当排除其罪责、否定过失犯罪的成立，这使得刑法机能又过分向人权保障机能倾斜，将过失犯罪的认定从危惧感说及预见可能性不要说的严苛极端推向了与之对立的宽缓极端。

客观结果预见可能性的对象应采纳具体预见说，行为人当且仅当在规范目的保护范围内应当预见抽象为类型化的构成要件结果即可。过失渎职犯罪的双重结果预见义务要求行为人能够预见风险制造和风险实现两重内容。在风险制造预见义务中，"风险制造"的具体预见可能性对

---

① [日] 山中敬一. 现代社会中的事故与过失犯 [M]. 周庆东，译. 东海大学法学研究，2012（38）：18.
② [日] 前田雅英. 刑法总论讲义 [M]. 曾文科，译. 北京：北京大学出版社，2017：194.

象是抽象的法益侵害危险；在风险实现预见义务中，"风险实现"的具体预见可能性对象是具体的法益侵害危险以及现实化的法益侵害结果。值得注意的是，对监管过失型渎职犯罪而言，虽然直接风险制造、风险实现与间接风险制造、风险实现在本质上是不同主体分别制造或实现的风险，但两组风险的现实形式体现为被监管者制造或实现的不被允许的风险。故监管过失型渎职犯罪的行为人的客观预见可能性对象是被监管者制造的抽象法益侵害危险、具体法益侵害危险或者现实化的法益侵害结果。

综上所述，过失渎职犯罪的主体只需在法定管辖领域内预见自己的渎职行为可能直接或间接导致的渎职结果即可。例如，负有环境保护与环境监管职责的国家环境保护行政机关工作人员应当预见自己疏于履行环境监管职责会致使自然力或第三人造成土壤污染事故，导致土壤遭到毁坏，而无需预见被毁坏的是基本农田、防护林地或是特种用途林地，更不用具体到被毁坏的土地面积高达几何；海洋行政主管部门工作人员应当预见不对海洋保护区进行按时巡查可能会造成海洋保护区环境污染的结果，对污染是由船舶漏油抑或第三人在保护区内从事水产养殖造成在所不问。我国司法审判实践亦采取了在规范保护目的范围内预见构成要件结果的标准。在"王某玩忽职守案"[1] 中，初审法院和终审法院均以超出规范保护目的为由，否定了作为城管巡控组工作人员的王某负有检查违法建筑物安全性的职责，继而肯定在一般情形下，建筑物发生坍塌的结果是极其罕见的，从而以"王某对建筑物发生坍塌的结果不具有可预见性"为由，排除了王某责任过失的成立，最终认定王某不构成玩忽职守罪。

---

[1] 海口市秀英区人民法院（2017）琼 0105 刑初 521 号刑事判决书，海口市中级人民法院（2018）琼 01 刑终 540 号刑事裁定书。

三、责任个别化与过失渎职犯罪行为人主观结果预见可能性的判断

作为主观不法要素的过失得到承认之后，"客观不法/主观责任"的古典派犯罪论体系区分不法与责任的标准被打破，取而代之的是"不法是一般的，责任是个别的"新标准。依据新的区分标准，"过失不法需要依照注意义务的违反来判断，而在过失的责任阶层必须另外加入行为人对于遵守注意义务的个别能力的考量"①。在不法阶层，衡量行为人违反主观注意义务的尺度应当具备一般性，即刑法设置的基准行为适用于受法规范约束的所有人；在责任阶层，认定行为人成立责任过失应当考虑行为人履行主观注意义务的个人能力，"普遍化的规范不能正确地认定犯罪，也不能切实地指导每一个具体行为人……真正起到指示行为的功能，采用个别化标准是必然的"②。故对行为人责任过失的认定应以行为人的个人能力为评价对象，判断依其个人责任能力水平能否达成法规范的一般期望。

（一）过失渎职犯罪行为人主观结果预见能力的评价原则

当行为人所属专业领域内的一般理性人均能够预见规范保护目的范围内的构成要件结果时，法规范实际上默认了客观结果预见可能性的存在。所以，当行为人的预见能力与该专业领域内一般理性人的平均预见能力持平时，其应预见、能预见而未预见，便可认定其成立责任过失。过失渎职犯罪的行为主体分别来自保密、司法、环境保护、食品药品安全监管、卫生行政、检验检疫以及文物保护等不同部门，应当按照各行

---

① 许迺曼.过失犯在现代工业社会的捉襟见肘［C］//许玉秀，陈志辉.不移不惑献身法与正义：许迺曼教授刑事法论文选集.台北：公益信托春风煦日学术基金，2006：517.

② 曾军翰.人的不法理论与一阶层过失模式之证成［J］.四川大学学报（哲学社会科学版），2021（1）.

为人职责领域内一般国家机关工作人员的平均结果预见能力作为一般标准。然而，由于每个行为人的个人责任能力不同，各行为人的个人预见能力可能或高于或低于其所属专业领域内一般理性人的平均预见能力。那么，对于高于或低于专业领域内一般理性人平均预见水平的行为人，应当以专业领域内一般理性人的预见能力为标准（以下简称一般人标准），还是以行为人自身的预见能力为标准（以下简称行为人标准）来评价其主观上是否成立过失应受刑法非难，应当分别进行探讨。

关于主观结果预见能力的标准有客观说、主观说与折中说三类。客观说是指，不考虑行为人的具体结果预见能力如何，皆采取一般人标准。这样一来，依照一般人标准能够预见构成要件结果，即具备客观预见可能性的情况下，行为人也都被默认推定为具备结果预见可能性，必然成立责任过失；如果按照一般人标准都无法预见构成要件结果时，就视为欠缺客观结果预见可能性，阻却行为人责任过失的成立。一般理性人理论起源于英美法系，起初，一般理性人的标准就是社会上大多数普通人的平均值，被取平均值的普通人往往没有生理或心理缺陷，也没有超出常人的天赋能力。因此，构建一般理性人的认知标准时完全不会考虑具体行为人的特殊特征。① 即使是在专业技术要求极高的领域，如医学、竞技、法律等，不同医生、运动员以及法律从业者的水平也存在差异，无视行为人的具体行为能力而完全采用一般人标准违反了责任个别化的要求，且有客观归罪之嫌。主观说则完全采取行为人标准，在具备客观结果预见可能性的前提下，当行为人的个人预见能力低于其所属专业领域内的一般人水平时，行为人个人不具备预见可能性、不成立责任过失；其能力等于或高于一般人标准时始成立责任过失。主观说的理论基础在于，法律不会要求人们做出超越自身能力的行为，行为人只要尽

① 谷永超. 英美刑法的理性人标准及其启示 [J]. 中国刑事法杂志，2017（4）.

到自身注意能力的极限，对其无法实现的部分不应过分苛求。然而，完全采取主观说会使得法规范丧失作为适用于全体行为人行为准则的统一性。① 若要贯彻行为人标准、使每个行为人都能随心所欲依照自己的行为能力行事，法规范为全体公民设定的行为规范无异于一纸空谈，存在缩小过失犯罪成立范围的弊端。

折中说根据行为人个人主观结果预见能力的差异，兼采一般人标准与行为人标准。但在行为人主观预见能力高于或低于其所属专业领域内一般人预见能力时采取何种标准，折中说内部又有不同的看法。第一种观点认为，若行为人的主观预见能力低于专业领域内的一般人预见能力就采取行为人标准，不宜认定行为人具有过失；若行为人的主观预见能力明显高于一般人则采取一般人标准，认定其有过失。② 该观点主张对能力低于一般人平均预见水平的行为人适用较低的个别化标准，对于能力高于平均水平的行为人适用较低的一般化标准，即"低低/高低"的就低不就高标准。第二种观点正好相反，主张行为人的主观预见能力低于一般人时采取一般人标准，肯定责任过失的成立但可免除罪责；行为人主观预见能力高于一般人时则采取行为人标准。③ 对具有特别能力的人根据其实际水平来确定注意义务的标准，是对主观预见能力低于平均水平的行为人适用较高的一般化标准，对高于平均水平的行为人适用更高的个别化标准，即"低高/高高"的就高不就低标准。④ 第三种观点是以客观说为基础、以主观说为补充，认为行为人既然是在某一领域中

① 程皓. 注意义务比较研究：以德日刑法理论和刑事判例为中心 [M]. 武汉：武汉大学出版社，2009：106.
② 张明楷. 刑法学 [M]. 北京：法律出版社，2011：384.
③ 王世洲. 现代刑法学：总论 [M]. 北京：北京大学出版社，2018：318.
④ 在具备客观结果预见可能性的情形下，行为人的个人主观结果预见能力高于其所属专业领域内的一般理性人平均预见能力时，一般理性人的预见能力和行为人的主观预见能力实际上是重合的，故这里采取一般人标准或是行为人标准并无区别。

负有特定职责、从事专门活动的专业人员，就必须具备与履行其职责义务相匹配的主观注意能力，否则就不适格从事这项工作。所以，依照该专业领域中的一般理性人预见能力可以预见构成要件结果，即存在客观结果预见可能性时，无论行为人的个人主观结果预见能力如何，都应当与一般人标准持平，推定其能够预见；当一般人难以预见构成要件结果，即对该专业领域中的大多数一般理性人而言欠缺客观结果预见可能性时，若行为人的主观预见能力高于一般人且行为人确实具备特别认知预见构成要件结果时，应采取行为人标准，肯定其责任过失的成立。①该观点的合理之处在于将超出一般人预见范围的特别认知纳入考虑范围，在行为人不具备特别认知时采取"低高/高高"的全部就高一般化标准，在一般人缺乏客观预见可能性而行为人具备特别认知时采取"高高"的行为人个别化标准。

（二）国家机关工作人员结果预见能力较低时采取一般人判断标准

折中说内部的第一种观点与第二种观点之间呈现的分歧在于，在具备客观结果预见可能性的情形下，当行为人的主观结果预见能力低于其所在专业领域一般理性人的平均预见水平时，应采取一般人标准抑或行为人标准。

现代社会是功能式分化的社会，社会分工以职业种类为分类依据，将现代社会横向划分为政治、经济、文化等功能各异的子系统。每个子系统都有着独立自治的运行机制和规则，各子系统之间的边界亦十分清晰、不可混淆。②进入某一子系统中的行为人必须具备维持该子系统运行的相应能力并遵循该领域的特殊规则，否则就不是适格从事这一社会分工的主体。如果行为人无视自身能力的不足，继续在该领域内活动，

---

① 黎宏. 刑法总论问题思考［M］. 北京：中国人民大学出版社，2016：267.

② 宣晓伟. 国家治理体系和治理能力现代化的制度安排：从社会分工理论观瞻［J］. 改革，2014（4）.

其就应当为因自身能力不足所造成的法益侵害答责。过失渎职犯罪的主体均为国家机关工作人员，法规范为其设定的基准职务行为，大都要求高度的专业技术水平，如食品药品安全监管、传染病防治、动植物检验检疫等。行为人的专业能力只有达到了岗位的最低限度要求，才能够从事相关职务。在岗的国家机关工作人员的业务水平和责任能力至少应与该专业领域内的平均水平持平甚至高于平均水准，故过失渎职犯罪行为人不能以主观预见能力低于一般人标准阻却责任，应采纳一般人标准认定其成立过失。例如，在 2021 年 7 月河南省特大暴雨灾害期间，面对 19 日郑州市已有 153 个站点降雨量超过 50 毫米、18 个站点降雨量超过 150 毫米的严峻情况，具备专业知识、接受过专业学习和培训的负有防汛职责的工作人员，本应从严峻的降雨情况中预见灾害后果。然而，郑州市委市政府"没有引起高度警觉、没有认识到问题的严重性"[1]，绝不可因结果预见能力低、未预见风险实现结果，而否定其过失渎职责任。

需要特别注意的是，同一特定专业领域内存在纵向功能分工所导致的在本专业领域预见能力偏低的情况。比如，负责统筹管理的上级国家机关工作人员较之直接负责具体工作的下级国家机关工作人员，一般预见构成要件结果的能力会更低；又如，新入职不久、工作经验不足的国家机关工作人员较之入职时间已久经验丰富的国家机关工作人员，业务水平和预见能力也都会有一定的差距。针对前一种情况，不能因为上级国家机关工作人员远离渎职结果发生的现场就降低其预见可能性的标准，身居高位者更要对职责范围内的工作全面掌控，避免上级监管工作

---

[1] 新华社. 郑州"7·20"特大暴雨灾害的调查报告［R/OL］.（2022-01-21）［2024-10-06］. https：//www. gov. cn/xinwen/2022-01/21/content_ 5669723. htm#: ~: text=%E6%96%B0%E5%8D%8E%E7%A4%BE%E5%8C%97%E4%BA%AC1%E6%9C%8821%E6%97%A5.

人员以不了解基层监管职责的具体开展为由逃避责任，故仍应对其适用一般人标准。至于后一种情况，可以参照德国司法实务认定经验不丰富的新人预见能力较低的做法：若法规范设定的基准职务行为确实超出了新人所掌握的专业技能和经验水平，应当尽量限制新人独自完成任务，安排有经验能力者指导、配合其履行职务行为。若新人对自己的能力抱有疑惑，但仍擅自实施职务行为，最终因预见能力较低成立疏忽大意型过失或过于自信型过失并导致构成要件结果发生的，可追究其过失责任。① 因此，对擅自履行超出自身水平或经验能力的职务行为的新入职国家机关工作人员，也要适用一般人标准追究其过失责任。

（三）国家机关工作人员具备特殊认知时采取个别化判断标准

折中说内部第三种观点反映的问题在于，一般理性人欠缺客观预见可能性的场合，若行为人的主观预见能力较强、具备了比一般人更多的特别认知时，应当以何种标准评价其主观罪责。

关于特别认知在过失犯罪归责中所起的作用，刑法学界有不法决定说与责任决定说两种观点。不法决定说是指特别认知是客观归责中判断行为危险性的依据。符合构成要件的行为是制造了不被允许的风险的行为，而风险是否被允许必须以行为时行为人所获知的资料为判断基础，行为人的特别认知是其实行行为"有意性"的体现，若行为人在制造风险时具备对风险的特殊认知，则风险才是"不被允许的"。② 对此，本书已经在第四章过失渎职犯罪的客观归责部分予以了反驳——特别认知影响客观归责的不法决定说"在客观构成要件中强行掺入主观要

---

① 于佳佳. 过失犯中注意义务的判断标准 [J]. 国家检察官学院学报，2017，25（6）.

② 欧阳本祺. 论特别认知的刑法意义 [J]. 法律科学（西北政法大学学报），2016，34（6）.

素"①，破坏了风险认定标准的客观性和一致性，有违客观归责的"客观"立场。特别认知属于责任要素，在本专业领域内一般理性人都难以预见构成要件结果发生的前提下，如果行为人具备特殊认知，且凭借特殊认知的内容本有能力预见构成要件结果，那么其未能预见就应认定责任过失的成立，即对主观预见能力高于专业领域内一般理性人平均水平的行为人采取行为人个别化标准。例如，前文中提及的"缩骨术"案例，司法工作人员甲基于长期与罪犯斗争的工作经验，有能力通过观察人的身体结构、行为特征等，判断其是否会缩骨术。嫌疑人乙是一名会缩骨术的盗窃犯，凭借甲积累的经验是能够判断乙有这种特殊能力的。若甲因疏忽大意未能预见乙可能利用缩骨术从房间中未设置防盗装置的小窗口逃走，或者预见了但轻信其无法从如此小的窗口中逃出，则应肯定甲成立疏忽大意型过失或过于自信型过失。

　　行为人特别认知中的风险不在其职责所属的专业领域范围内时，不能归责于行为人。② 比如，在新冠疫情暴发初期，专司传染病防治工作的医生及卫生行政部门工作人员都在对新冠疫情了解不深的情况下，某一名出租车司机敏锐地察觉到了此危害，但其却未能预见新冠疫情会造成全球范围的灾难性危害，刑法也不能因其未能预见并作出示警而进行非难，因为该特别认知属于医疗卫生领域的风险认知，社会分工并不期待一个子系统的行为人去认识属于另一个子系统的危险。因此，具备非自身专业领域内特别认知的行为人不能适用行为人的个别化标准，不成立责任过失。

---

① 喻浩东．反思不法归责中的"特别认知"［J］．苏州大学学报（法学版），2018（3）．

② 何庆仁．特别认知者的刑法归责［J］．中外法学，2015，27（4）．

第六章

过失渎职犯罪的多元责任：体系构建与制度衔接

"一个人在法律上要对一定的行为负责，或者他为此承担法律责任，意思就是，他作相反行为时，他应受制裁。"① 法规范在将过失渎职犯罪设定为一种不法行为的同时，设定了制裁这种不法行为的后果。其中，对不法行为的界定属于行为规范，对不法行为制裁后果的规定就属于制裁规范。国家机关工作人员因成立过失渎职犯罪而要依据制裁规范所承担的制裁后果，即过失渎职犯罪的法律责任。作为规范性概念的法律责任，以责任依据与归责、救济权关系、强制三个层面构造了其规范性概念的形式基础。② 其中，责任依据与归责解决将法律责任归属于责任主体的问题，救济权关系阐明法律责任的本质，而强制则是指法律责任的效果通过公权力的强制作用得到实现。从责任主体的视角来看，接受公权力的强制性制裁这一过程，即责任承担的过程。

在我国监察体制改革不断深化的背景下，对国家机关工作人员同时进行国家监察与党内监督，标志着我国已形成国法与党纪相结合的渎职犯罪治理体系，刑法、监察法以及党内法规制度成为过失渎职犯罪责任承担的重要规范依据。成立过失渎职犯罪，首先应承担刑事责任。根据

① ［奥］凯尔森. 法与国家的一般理论［M］. 沈宗灵，译. 北京：中国大百科全书出版社，1996：73.

② 余军，朱新力. 法律责任概念的形式构造［J］. 法学研究，2010，32（4）.

我国现行刑法的规定，刑事责任以刑罚处罚、非刑罚处罚措施或者单纯有罪宣告等否定评价为具体内容。① 然刑事惩治并非渎职犯罪治理的最终目标，要以严密多元的法治思维应对过失渎职犯罪，② 基于"法法衔接""纪法衔接"的要求，成立过失渎职犯罪的国家机关工作人员还需承担政务处分和党纪处分等非刑事责任。

本章研究过失渎职犯罪的刑事责任，在刑罚积极的一般预防目的下，评价我国现行刑法中过失渎职犯罪刑罚结构的合理性，并通过实证研究的方式，探明刑事政策对过失渎职犯罪量刑幅度的影响。同时研究过失渎职犯罪的非刑事责任，在我国监察体制改革的全新时代环境中，探讨以政务处分制度和党内纪律处分、党内问责制度为代表的过失渎职犯罪非刑事责任形式的适用及其与刑事责任的衔接。

第一节　过失渎职犯罪的刑事责任体系

我国"罪—责—刑"的刑法结构，将刑事责任视为犯罪与刑罚之间的联结纽带。③ 犯罪的成立是刑事责任产生的前提，刑事责任是犯罪的刑法制裁后果，责任主体承担刑事责任的具体方式则是刑罚。因此，过失渎职犯罪刑事责任的承担实际上表现为刑罚的承担。刑罚是国家刑罚权的表现，刑罚权作为司法权的一部分，必须恪守司法权"不告不

---

① 《刑法学》编写组. 刑法学：上册·总论 [M]. 北京：高等教育出版社，2019：275.
② 刘艳红，夏伟. 法治反腐视域下国家监察体制改革的新路径 [J]. 武汉大学学报（哲学社会科学版），2018，71（1）.
③ 陈兴良. 从刑事责任理论到责任主义：一个学术史的考察 [J]. 清华法学，2009，3（2）.

理"的被动发动限制。① 仅当求刑权主体行使求刑权后，量刑权主体才能将刑事责任科处给犯罪人。② 基于刑罚制度的宏观目的与对责任主体施加具体刑罚时的指导原则之间的差异，刑罚理论（Straftheorie）与量刑理论（Strafzumessun stheorie）在认定和宣告责任主体刑罚承担的过程中分别发挥不同作用。③ 刑罚理论从宏观规范层面检验过失渎职犯罪刑罚结构的合理性、有效性，进而考察积极的一般预防之刑罚目的是否得以实现；量刑理论以刑事政策为指导，从微观运用层面出发，在过失渎职犯罪的法定刑范围内对责任主体的刑罚结构和量刑幅度进行选择和调整。

一、积极的一般预防目的对过失渎职犯罪刑罚结构设置的导向

（一）积极一般预防目的与过失渎职犯罪法益保护目的的契合

刑罚的目的，是国家强制力适用和执行刑罚所期望达到的目的。④自刑罚制度诞生以来，关于刑罚制度宏观目的究竟为何的追问从未停止。从"以牙还牙、以眼还眼"的古代刑罚制度中衍生出来的绝对报应理论，在现代刑罚体系中已然失去了存在的意义。例如，现代刑罚制度对财产犯罪规定了自由刑，也对重大贪污贿赂犯罪规定了生命刑。脱离了同态复仇、责任相抵的特殊制度环境，刑罚的绝对报应目的不可能实现。现代刑罚理论以法益保护原则为中心发展出了预防理论，认为刑罚的目的在于制裁已经成立的犯罪来预防潜在犯罪的发生，通过预防犯

---

① 时延安. 行政处罚权与刑罚权的纠葛及其厘清 [J]. 东方法学，2008 (4).

② 范进学，张玉洁. 刑罚本质的宪法分析 [J]. 法学论坛，2014, 29 (5).

③ 陈金林. 从等价报应到积极的一般预防：黑格尔刑罚理论的新解读及其启示 [J]. 清华法学，2014, 8 (5).

④ 王刚. 论我国刑罚理论研究中的四个误区：刑罚目的一元论之提出 [J]. 法学论坛，2012, 27 (1).

罪的宏观刑罚目的来实现法益保护的整体刑法目的。① "刑罚的目的归根结底并非责任抵偿本身，而是以责任抵偿为手段而实现的预防。"②

我国刑法学界接纳了预防理论，并将刑罚的预防目的进一步划分为预防犯罪人重新犯罪的特殊预防目的与预防尚未犯罪的潜在犯罪人实施犯罪行为的一般预防目的。由李斯特（Lizit）倡导的特殊预防理论包含三个层次的设想：通过监禁责任主体，防止其他公众受到侵害；通过刑罚威慑责任主体，避免其实施其他犯罪；通过矫正责任主体，防止其再次实施犯罪。③ 针对刑罚特殊预防目的的第一层设想，只有对责任主体施以自由刑或生命刑时方能达成隔离责任主体之目的，财产刑等其他刑罚类型则难以达成，故这一层面的设想无法被视为具有普适性的宏观刑罚目的。第二层次的设想是通过刑罚的威慑力使责任主体产生畏惧心理而不敢再犯其他罪，但根据现有的实证研究数据，刑罚威慑力的有效性暂且要打个问号，"至少未被惩罚的罪犯并没有明显地表现出比受惩罚的罪犯更高的再犯率"④。至于第三层次的设想，刑罚的特殊预防目的在渎职犯罪领域更是缺少实现的前提。由于过失渎职犯罪的责任主体必须具备国家机关工作人员的身份，而依据《中华人民共和国公务员法》（以下简称《公务员法》）等国家机关工作人员的招录依据，一旦有犯罪前科受过刑事处罚或被"双开"（开除党籍的、开除公职）的人，不得再次被录用为国家机关工作人员。所以，因过失渎职犯罪承担过刑事责任的，或定罪免刑但被处以开除公职的政务处分，或开除党籍的纪律处分的责任主体，不可能再次具备过失渎职犯罪的特殊身份要件，也无

① ［日］松原芳博，王兵兵. 作为刑罚正当化根据的报应：刑法学的视角 ［J］. 国外社会科学前沿，2021（7）.
② ［德］弗里施，陈璇. 变迁中的刑罚，犯罪与犯罪论体系 ［J］. 法学评论，2016，34（4）.
③ 王世洲. 现代刑罚目的理论与中国的选择 ［J］. 法学研究，2003（3）.
④ 陈金林. 刑罚的正当化危机与积极的一般预防 ［J］. 法学评论，2014，32（4）.

法再次实施过失渎职犯罪，故防止国家机关工作人员再次犯渎职罪这一特殊预防目的并无必要。

过失渎职犯罪的刑罚目的主要是预防尚未犯罪的国家机关工作人员实施过失渎职犯罪的一般预防目的。刑罚的一般预防目的理论内部有消极的一般预防理论与积极的一般预防理论之分。消极的一般预防与特殊预防均强调刑罚的威慑效力，区别在于消极的一般预防更重视刑罚对于责任主体以外的潜在违法者的震慑，期望通过对责任主体施加刑罚来威慑潜在的违法者，打消他们实施犯罪行为的念头。① 与特殊预防目的的缺憾相同，刑罚威慑力的有效性仍是一个未经证实的概念。每个行为人对刑罚严厉性的感知和敬畏程度不同，对犯罪成本与收益的衡量标准亦千差万别，受到刑罚制裁的责任主体本身再次犯罪的概率都未降低，遑论"惩一儆百"预防其他行为人犯罪的效果。此外，消极的一般预防目的的正当性也备受质疑。绝对报应理论和特殊预防理论的正当化依据在于责任主体须因自己的不法行为接受刑罚制裁，而消极的一般预防理论主张责任主体要为预防其他人犯罪而承担刑事责任，这无疑是将责任主体当作一种"行动可能性的根据"②，即康德哲学中所谓的"手段"（Mittel）。康德道德原则的第二条绝对命令指出，意志是有理性的人按照一定规律的表象而设定自身行动的能力，目的则是理性人行使意志的根据，人在任何时候都必须被当作意志的目的（Zweck），而不单纯是意志随意使用的手段或工具。③ 所以，刑罚的正当化根基只能是责任主

---

① 赵星，秦瑞瑞. 刑罚正当性根据的新思考：报应为主的综合论之提倡 [J]. 江汉论坛，2018（3）.

② ［德］康德. 道德形而上学原理 [M]. 苗力田，译. 上海：上海人民出版社，2012：79.

③ ［德］康德. 道德形而上学原理 [M]. 苗力田，译. 上海：上海人民出版社，2012：80.

体本身实施的犯罪。① 为了达到预防其他潜在违法者犯罪的特定目的而判处责任主体刑罚，或者"以需要加强对公众的威慑为由加重对行为人的处罚"②，都是对人的主体性价值的漠视。刑罚制度的宏观目的面临着有效性和正当化依据的双重拷问，而消极的一般预防目的显然未能很好地经受住上述考验。

积极的一般预防目的是近年来风险社会理论与预防刑法观等理论碰撞诞生的新兴刑罚目的理论。雅各布斯在论及刑罚的一般预防目的时阐述道："一般预防性的责任……与一般的威吓或者至少是对潜在的犯罪人的威吓无关，而是关系到对信赖规范的正确性本身的确证。"③ 积极的一般预防目的理论旗帜鲜明地反对刑罚威吓主义，致力于社会公众法规范意识的觉醒与维持。④ 它通过惩罚责任主体，唤醒其他人对于法规范、法秩序的信赖和认同，以及对犯罪的厌恶。具体而言，法规范确立了维持社会正常生活的法秩序，这种法秩序的运行建立在该社会共同体中每个公民让渡部分个人自由的基础之上，且他们已然确信遵守法规范的要求虽然牺牲了个人的部分自由，但法规范却为他们创造了一个更有利的生存环境。违反法规范的犯罪行为破坏了正常的法秩序，遵守法规范的人将会丧失遵守规范所带来的好处。若任由犯罪行为发生，公众对于法规范效力的信赖终将荡然无存。于是，法规范同时规定对实施犯罪的责任主体施以刑罚，一是为恢复被扰乱的法秩序，二是为强化公众对

---

① 陈金林. 从等价报应到积极的一般预防：黑格尔刑罚理论的新解读及其启示 [J]. 清华法学，2014，8（5）.

② ［德］耶塞克，魏根特德. 德国刑法教科书 [M]. 徐久生，译. 北京：中国法制出版社，2017：1181-1182.

③ ［德］雅科布斯. 行为·责任·刑法：机能性描述 [M]. 冯军，译. 北京：中国政法大学出版社，1997：35.

④ ［日］松原芳博，王兵兵. 作为刑罚正当化根据的报应：刑法学的视角 [J]. 国外社会科学前沿，2021（7）.

法规范效力的确信。在此过程中，刑罚制度向公众传达了这样的信号：一方面，违反法规范的犯罪行为必将受到相应的惩罚；另一方面，遵守法规范、维持正常的法秩序比实施犯罪行为对每个人的生活更有利。积极的一般预防本质上是一种刑罚激励论，刑罚的适用就是对法规范效力的确认，社会公众由于刑罚的适用而自觉遵守法律、信赖法律、忠于法律，故刑罚预防犯罪的有效性取决于刑罚对于潜在违法者的激励效果。① 通过对犯罪施加刑罚确认行为规范的威信，激励潜在违法者放弃实施抵触规范的行为，维持法秩序的安定性和法规范的有效性，② 积极一般预防由此也化解了消极一般预防的正当化依据危机。

（二）过失渎职犯罪的刑罚目的：确保行为人对履行基准职务行为的认同

因目睹他人受到刑罚而对法规范产生认同感和遵循意志，在此情形下，难以断言公众不是在刑罚的威慑作用下做出了利己的守法选择。对此，有学者批判道："积极一般预防的规范认同不过是刑罚威慑的一种反面阐释……试图将威慑这一挫败身心的贬义表达转换为振奋人心的积极认同。"③ 这一批判沿袭了消极一般预防的"施加刑罚—刑罚威慑力发作—潜在违法者产生畏惧心理—潜在违法者认同法规范"的思路，实际上是对刑罚在积极的一般预防理论中作用机制的误解。如前文所述，法规范分为行为规范和制裁规范两部分，两种规范对犯罪人和潜在违法者的作用并不相同。对犯罪人而言，其因违反行为规范而要受制裁规范的约束，故对犯罪人施加刑罚是以行为规范为依据、以制裁规范为

---

① 李冠煜.对积极的一般预防论中量刑基准的反思及其启示［J］.中南大学学报（社会科学版），2015，21（1）.

② 周光权.行为无价值论与积极一般预防［J］.南京师大学报（社会科学版），2015（1）.

③ 徐伟.论积极一般预防的理论构造及其正当性质疑［J］.中国刑事法杂志，2017（4）.

主要手段；对潜在违法者，即其他社会公众而言，犯罪人违反行为规范、破坏法秩序，使其自身利益或受到现实损害，或承受被侵害的风险，由此他们产生了对法规范的不信赖感。而犯罪人受到刑罚制裁后，法秩序得以修复，法规范的强制效力得到了保障和强化，社会公众有理由相信遵从行为规范能够最大程度保障自身利益。因此，社会公众的法规范认同感是对行为规范的认同和信赖，而促使公众继续信赖和遵从行为规范的强力保障则是制裁规范。厘清行为规范和制裁规范的各自的作用途径后不难看出，作为制裁规范手段的刑罚，对潜在违法者产生的并非威慑力。相反，对犯罪人及时处以刑罚，实则补足了社会公众因犯罪行为而产生的不安感。只有作为制裁规范手段的刑罚切实发挥其犯罪制裁的功效，社会公众才会因为这一坚实后盾的存在，选择继续相信法规范的效力，并遵守行为规范的指引。

积极的一般预防作为刑罚的宏观目的，在当前风险社会中具有重要意义。积极的一般预防理论构建了一个理想的犯罪预防模型：面对各种未知且难以控制的风险，利用刑罚惩治犯罪，可促使公众发自内心地认同法律、自觉遵守法律，从而最大程度地规避风险的发生，降低法益侵害风险，预防犯罪。将该模型运用到过失渎职犯罪领域同样具有可行性。鉴于渎职犯罪责任主体身份的特殊性，过失渎职犯罪刑罚的一般预防目的并非指向普通社会公众，而是其他尚未实施过失渎职犯罪的国家机关工作人员。如果认同刑罚的消极一般预防目的理论，认为对成立过失渎职犯罪的国家机关工作人员施以刑罚处罚可以威慑其他国家机关工作人员，那么该理论实际上是将国家机关工作人员放在了普通社会公众的对立面，是法律凭借刑罚的强制制裁效力，迫使国家机关工作人员为人民群众服务。但必须明确的是，国家机关工作人员与普通的社会公众只有职务分工的不同，在国家利益、社会利益甚至个人利益面前，两者却是无差别的利益共同体。例如，国家机关工作人员因过失渎职造成的国家安全事故、环境污染事故、公共卫生事件、食品药品安全事件等，不仅侵犯了普通社会公众的利益，同样也是对自身利益的损害。因此，刑法为国家机关工作人员设置的行为规范，是谨慎妥善履行职务行为，保障国家利益、社会公共利益和包括自身在内的所有公民的个人利益。惩罚过失渎职犯罪的意义，不在于让国家机关工作人员对自己日后会因过失渎职犯罪后遭受处罚而产生畏惧心理，而在于使其认同刑法规范对国家利益、社会公共利益、其他公民个人利益以及自身利益的保障力。只有这样，在过失渎职责任主体受到刑罚制裁后，他们才会相信法规范的效力，从而选择遵守法律为其设定的职务行为规范，勤勉履行职责，确保包括其自身在内的、身处于同一利益共同体中的每个人的利益都能得到最大化保障。

二、基于过失渎职犯罪刑罚结构严厉性分析的罚金刑增设构想

刑罚的积极一般预防目的能否实现，关键在于遵守行为规范得到的利益是否高于实施犯罪会被制裁规范施加的犯罪成本。依据功利主义原理，"惩罚之值在任何情况下皆须不小于足以超过罪过收益之值"[1]。所以，当通过制裁规范明确较高的犯罪成本时，潜在的违法者才会在权衡之下，倾向于遵守行为规范，并对法规范产生认同和信赖。犯罪成本与刑罚的严厉性和查处概率相关，当某种犯罪查处概率较低时，就要配置较为严厉的刑罚，来弥补低查处率带来的犯罪成本降低之弊端。[2] 在我国监察体制改革形成的持续高压反贪腐、反渎职犯罪的态势下，以零容忍的态度严肃查办渎职犯罪已成为共识。在监察机关的设立以及党内监督、诉讼监督、社会监督不断强化等因素的共同作用下，我国过失渎职

---

① ［英］边沁. 道德与立法原理导论［M］. 时殷弘，译. 北京：商务印书馆，2000：225.
② 魏汉涛. 罪刑关系的反思与重构［J］. 政治与法律，2019（4）.

犯罪的查处率毫无疑问是处于较高水平的，故积极的一般预防目的之实现主要取决于制裁规范为过失渎职犯罪配置的刑罚结构的严厉性。刑罚的严厉性首先体现在刑罚种类结构方面。刑罚种类的结构是指刑罚体系中各刑种的比重及配置。① 纵观古今，刑罚存在四种结构：② 以生命刑为中心的刑罚结构，属于严厉性较强的刑罚结构；以自由刑为中心的，属于相对严厉的刑罚结构；以罚金刑为中心的，则属于较为轻缓的刑罚结构。我国《刑法》分则第九章对 12 个过失渎职犯罪均规定了有期徒刑或拘役的刑罚方式，即有且只有自由刑一种主刑形式。所以，我国过失渎职犯罪的刑罚种类结构以自由刑为中心，呈现相对严厉的刑罚结构形态。

我国过失渎职犯罪刑罚结构的严厉性还体现在法定刑的幅度结构上。法定刑幅度指自由刑的刑期长短。从现行刑法的规定来看，分则第九章针对过失渎职犯罪设置了三个区间的刑期类型，刑期区间从短到长分别为三年以下有期徒刑或拘役、三年以下有期徒刑或拘役或三年以上七年以下有期徒刑、五年以下有期徒刑或拘役或五年以上十年以下有期徒刑。像环境监管失职罪、传染病防治失职罪、商检失职罪和动植物检疫失职罪等可能造成死亡结果或严重危害多数人生命健康严重后果的犯罪，其顶格刑罚也不过是三年有期徒刑。这样的法定刑幅度设置，一直以来被理论界和实务界诟病为幅度偏轻，无法实现刑罚应有的预防目的。③ 对此，本书有不同看法。如果秉持刑罚的目的是特殊预防的观点，那么现行刑法中过失渎职犯罪法定刑幅度，的确不足以保证该目的

---

① 苏永生. 变动中的刑罚结构：由《刑法修正案（九）》引发的思考［J］. 法学论坛，2015，30（5）.
② 四种刑罚结构分别是以生命刑和身体刑为中心的刑罚结构，以生命刑与自由刑为中心的刑罚结构，以自由刑为中心的刑罚结构和以自由刑与财产刑为中心的刑罚结构。参见储槐植. 刑事一体化论要［M］. 北京：北京大学出版社，2007：54.
③ 唐健，程世国. 渎职犯罪罪刑配置的规范性分析［J］. 人民检察，2012（11）.

的实现，因为责任主体所承担的刑罚幅度严厉性，远不能与其所造成的法益侵害后果的严重程度相匹配；若认为刑罚的目的是消极的一般预防，那么过失渎职犯罪过于轻缓的法定刑幅度，意味着低于犯罪收益的犯罪成本，难以对其他潜在违法者形成威慑，消极的一般预防目的同样无法实现；但若赞同刑罚的目的是积极的一般预防，综合考虑预防刑法观和积极的刑事立法在当前风险社会盛行的整体法治环境，我国过失渎职犯罪刑罚幅度结构并不能被评价为"轻缓"。

从犯罪人的视角来看，刑罚是刑法规范直接施加于其的制裁手段。由于预防刑法观以"刑法参与社会治理的最优化"① 为出发点，积极的刑事立法受此影响呈现出犯罪圈扩大、犯罪门槛降低等突出特点。这虽对风险管控、犯罪预防有重要意义，但同时也放松了对国家刑罚权的约束。② 刑罚发动的条件变得简单，为保持刑罚的谦抑性，法定刑的幅度便应适当调低，通过这种一紧一松的方式，在实现犯罪预防目的的同时，兼顾对责任主体人权的保障。从潜在违法者的视角来看，刑罚是确保其对法规范认同、信赖和遵守的保障手段。刑罚只要"能够"修复并维持法秩序，即可维持社会公众对法规范的忠诚性，"刑罚的限制只有在目的中才能找寻出来，什么是对保持规范的忠诚来说是必要的，这样就限制了刑罚的量"③。法定刑幅度处于刑罚"能够"实现积极的一般预防目的的范围内，就是合理的。根据我国最高人民法院工作报告公开的统计数据，即使在贪腐渎职犯罪案件查处率不断提高的前提下，我国近年来贪腐渎职犯罪案件的数量与犯罪人数仍然呈现逐年下降的趋势，从 2018 年的 2.8 万件 3.3 万人次，下降到 2019 年的 2.5 万件 2.9

---

① 付立庆. 论积极主义刑法观 [J]. 政法论坛，2020（4）.

② 黎宏. 预防刑法观的问题及其克服 [J]. 南大法学，2019（1）.

③ 转引自王钰. 功能责任论中责任和预防的概念兼与冯军教授商榷 [J]. 中外法学，2015，27（4）.

万人次，再到 2020 年的 2.2 万件 2.6 万人次。这充分证明，现行刑法设置的过失渎职犯罪法定刑幅度能够有效实现积极的一般预防目的，处于合理区间范围内，并非偏向轻缓。

　　由于我国较高的渎职犯罪查处率已经有效提高了过失渎职犯罪的犯罪成本，为平衡犯罪成本与刑罚严厉性之间的差距，我国过失渎职犯罪刑罚的严厉性整体上可以适当降低。从操作的便宜性方面来看，宜在我国过失渎职犯罪的刑罚结构中增加罚金刑。一方面，过失渎职犯罪的有形法益侵害结果，多表现为给国家、社会和人民造成重大财产损失。罚金刑既能够强化国家机关工作人员认真履行基准职务行为的意识，使积极的一般预防目的得到更好的实现，也能够在一定程度上弥补责任主体因过失渎职犯罪所造成的财产性损害。波兰刑法即依据《波兰共和国宪法》第 77 条"任何人都有权就公共权力机构违反法律的任何行为对其造成的任何损害获得赔偿"① 的规定，对国家公职人员渎职行为造成的实体损害追究经济赔偿责任。另一方面，在过失渎职犯罪的刑罚结构中增加罚金刑种类，也是刑罚轻缓化趋势的体现。从各国立法状况来看，国家公职人员渎职犯罪，尤其是过失渎职犯罪的刑罚，均以罚金刑为主。例如，德国刑法第三十章为渎职犯罪规定了自由刑以及罚金刑，其中多数条款规定可以选处自由刑或罚金刑；日本刑法针对公务员的职务犯罪设置了没收或追缴犯罪所得的财产性惩罚；瑞典刑法第二十章滥用职位罪中的各项罪名，无论是出于故意或者过失，基本以罚金刑或 2 年以下监禁为主，其中第 4 条泄露职业秘密罪特别规定，故意犯此罪的，处罚金或 1 年以下监禁，过失犯此罪的，处罚金。我国可以在渎职罪中增设罚金刑的刑种，并在罚金数额的设置上，体现出过失渎职犯罪

---

　　①　CHABA D. Public Officials'Liability：a Case Study on Poland［J］. International Review of Administrative Sciences，2020，86（1）.

与故意渎职犯罪的区别。

第二节　过失渎职犯罪的非刑事责任体系

监察体制改革以来，我国反渎职犯罪基本形成了一条独具中国特色的处置路径：先由监察机关或党内组织预先查处，后移交司法机关进行定罪量刑，实现行政规制、党内规制与法律规制相结合。[①] 过失渎职犯罪的责任主体在被追究刑事责任之外，还应依法依规承担相应的非刑事责任。刑事责任与非刑事责任的相同之处在于，都具有传达"不赞成"和"谴责"等表征行为规范信息的特征。[②] 但从制裁规范层面来看，非刑事责任的制裁手段不及刑罚严厉，非刑事责任的决定主体可以自行发起制裁程序，将非刑事责任施加给责任主体。基于我国渎职犯罪治理的新模式，国家机关工作人员的行政责任形式包括源自行政权或人事任免权的处分和源自监察权的政务处分，具备中国共产党党员身份的国家机关工作人员成立过失渎职犯罪还必须受到党内纪律处分。在监察体制改革促成的"法法衔接""纪法融合"趋势下，协调过失渎职犯罪责任主体刑事责任与行政责任、党内纪律责任的衔接适用，成为深化监察体制改革亟待解决的实践难题。

---

① 吴建雄. 国家监察体制改革背景下职务犯罪检察职能定位与机构设置 [J]. 国家行政学院学报，2018（1）.

② MOLFETTA E D, BROUWER J. Unravelling the Crimmigration Knot：Penal Subjectivities，Punishment and the Censure Machine [J]. Criminology and Criminal Justice, 2020, 20（3）.

一、双轨制处分机制下政务处分与处分的择一适用与先占原则

（一）国家机关工作人员接受处分或政务处分的法律依据

在国家监察体制改革之前，国家机关工作人员渎职违法或渎职犯罪应受惩戒的形式主要是"处分"。① 处分决定由国家机关工作人员的任免单位或机关作出，在性质上属于责任主体任免单位、机关依据行政管理权或人事任免权所作出的内部管理行为，② 是本单位在纵向监督的过程中，行政权或人事任免权在单位内部自上而下的权力延伸体现。这种处分的效力仅及于单位内部，具有完全的封闭性和较强的随意性，容易出现单位内部因袒护而处分过轻或处分过重而寻求救济无门两种极端情况。另外，监察体制改革前，行政机关工作人员的处分决定也可以由行政监察机关作出，一般称之为行政处分。行政监察机关仍是隶属于行政系统内部的监督机关，其处分权亦源于行政权，所作出的处分决定还是行政系统内部的惩戒行为。由于职务的同源性，行政监察机关作出的处分决定难以做到完全客观公正。而且，行政监察机关仅对行政系统内的国家机关工作人员有行政监察权，而过失渎职犯罪的主体不仅涉及行政机关工作人员，还包括立法机关、司法机关等国家机关中从事公务的工作人员，所以行政监察机关所作出的处分决定无法覆盖过失渎职犯罪的全部主体。

2018 年 3 月颁布的《监察法》赋予了国家各级监察委员会行使国家监察权的职能。作为独立的国家监察机关，监察委员会有权对包括国家机关工作人员在内的所有违法公职人员作出政务处分决定。国家机关工作人员的非刑事责任从此由处分单轨制变为处分与政务处分并存的双

---

① 公务员法第 61 条第 1 款；法官法第 46 条；检察官法第 47 条；行政机关公务员处分条例第 6 条；政务处分法第 2 条；行政监察法（已废止）第 24 条。

② 郭文涛.《政务处分法》双轨惩戒制度之间的衔接协调［J］. 法学, 2020（12）.

轨制。政务处分制度首次在监察法中正式出现，后于 2020 年 6 月出台的《中华人民共和国公职人员政务处分法》（以下简称《政务处分法》）中得到进一步补充细化。依据《监察法》和《政务处分法》，政务处分是监察机关在对监察对象进行立案调查的基础上，基于调查结果对其实施的否定性法律评价措施，① 是监察机关在横向监督过程中行使国家监察权之核心权力——政务处分权的具体表现。

与处分制度相比，政务处分制度具有以下特殊性：（1）决定主体的特殊性。《监察法》施行之日，《中华人民共和国行政监察法》被废止，行政监察权被国家监察权所替代，行政监察机关不复存在，故国家机关工作人员的任免单位或机关成为目前唯一的处分决定主体；而政务处分仅可由监察机关作出。（2）政务处分适用对象的全面性。处分制度的一般适用对象是《公务员法》第 2 条规定的公务员、《事业单位工作人员处分暂行规定》第 2 条规定的参照公务员法管理的事业单位工作人员以及其他事业单位工作人员。此外，《行政机关公务员处分条例》特别强调了行政机关公务员，《中华人民共和国法官法》（以下简称《法官法》）和《中华人民共和国检察官法》（以下简称《检察官法》）分别强调了法官和检察官可以受到处分。政务处分的对象是《监察法》第 15 条中列举的所有行使公权力的公职人员，该范围远远大于处分的适用对象。国家机关工作人员同时具备《公务员法》第 2 条和《监察法》第 15 条第 1 款的身份，因此过失渎职犯罪的所有责任主体既能适用处分制度，也能够适用政务处分制度。（3）政务处分效力具有外部性。处分的决定主体只能对本单位、机关工作人员作出处分，处分效力具有内部性、封闭性。监察委员会是独立于立法、行政、司法等国家机关的专责监察机关，与作为过失渎职犯罪主体的国家机关

---

① 陈辉. 论监察委员会政务处分程序的内容构造［J］. 西部法学评论，2020（2）.

工作人员所在单位、机关无任何隶属关系或同源关联，监察机关独立行使国家监察权作出的政务处分具有外部性和开放性。（4）政务处分责任性质的法治化与规范化。处分仅仅是单位内部的管理惩戒行为，受到处分者如果不服处分决定，只能向原处理机关申请复核，或向原处理机关的上级机关、同级公务员主管部门提出申诉，处分决定合理与否完全由本单位或本单位所在的系统评判。相较于法律责任，处分更像是单位内部的"家规"① 式处置。而政务处分重视规范处分程序、明确被处分人员的救济途径。② 监察机关内部划分了不同的机构部门，分别履行案件监督管理、监督检查、审查调查和案件审理等不同职责，政务处分决定由监察机关集体研究作出，所有政务处分决定的作出必须召开监委委员会集体讨论研究。对政务处分决定不服的可以向监察机关申请复审，或向上一级监察机关申请复核。其中，政务处分的复审由案件审理室负责，但原参与该案件审理的工作人员不得参与复审案件的审理，须成立新的审查组对复审案件进行核查和再处理。复审、复核程序既是对受处分监察对象的权利保障程序，也是监察机关的一种重要防错纠错机制。独立行使监察权的监察机关作出政务处分决定、原案审理工作人员复审回避制度以及上级监察机关复核制度等，最大程度确保了政务处分决定的客观性和公正性。政务处分制度已然具备了法律责任的结构要素，体现了鲜明的法治化和规范化特点（见表6-1）。

---

① 王军仁. 论政务处分制度对传统政纪处分制度的扬弃与超越［J］. 安徽师范大学学报（人文社会科学版），2020，48（6）.

② 刘艳红，刘浩. 政务处分法对监察体制改革的法治化推进［J］. 南京师大学报（社会科学版），2020（1）.

表6-1　处分与政务处分的区别

区别	处分	政务处分
处分依据	《政务处分法》第2条；《公务员法》第61条；《法官法》第46条；《检察官法》第47条；《行政机关公务员处分条例》第6条	《监察法》第11条、第45条；《政务处分法》第2条、第3条
处分机关	国家机关工作人员的任免单位、机关	监察机关
监督效果	纵向监督	横向监督
处分权来源	行政管理权或人事任免权	国家监察权
处分性质	内部管理、惩戒措施	法律责任

（二）处分与政务处分制度适用的"处分先占"原则及其启动程序

监察体制改革后，2018年修订的《公务员法》与新出台的《政务处分法》就处分制度的选择适用问题已经形成了统一表述：对于同一违法行为，责任主体的任免单位、机关与监察机关不得重复给予处分和政务处分，① 即处分与政务处分是择一适用的互斥关系。监察机关作出政务处分决定的，任免机关不得再作出处分决定；反之，任免机关已作出处分决定的，监察机关不得再给予政务处分。这也意味着处分与政务处分的适用采取"处分先占"原则，在先作出的处分决定将被执行。处分与政务处分在形式层面的规定几乎一致。处分和政务处分的具体方式均为警告、记过、记大过、降级、撤职、开除六种，每种具体方式的处分期间完全相同；国家机关工作人员的过失渎职行为若成立犯罪也必然违法，两类处分的启动程序也相差无几，均为在受到刑罚处罚前先行启动处分程序，或在刑罚处罚后补充启动处分程序的双向启动路径。

处分或政务处分先行的启动程序，以过失渎职案件尚未作出判决决定、责任主体尚未受到刑罚处罚为前提。国家机关工作人员的任免单位

---

① 政务处分法第49条第3款；公务员法第61条第2款。

或机关发现本单位内部人员实施渎职违法行为的，应在《公务员法》《行政机关公务员处分条例》设定的期限内作出处分决定，并将涉嫌渎职犯罪的案件移送至具有案件管辖权的监察机关或检察机关。《法官法》第 48 条、《检察官法》第 49 条规定，法官或检察官是否存在因重大过失导致案件错误并造成严重后果等过失渎职行为，须经过法官惩戒委员会、检察官惩戒委员会的专业认定，由惩戒委员会提出审查意见后，再由涉案法官、检察官所在的法院、检察院作出是否给予处分惩戒的决定。

　　监察机关在依法履行监督职能过程中发现国家机关工作人员有过失渎职行为的，或者受理报案、举报、其他执法机关移送的过失渎职案件线索的，应当对涉嫌渎职违法、犯罪者进行立案调查，并视情节严重程度，依据《政务处分法》中的处分标准作出政务处分决定，① 其后移送检察机关提起公诉。处分或政务处分的补充启动程序，是指在过失渎职案件司法判决生效、责任主体受到刑事责任追究后，由责任主体的任免单位或机关依据其违法犯罪事实给予处分，由监察机关根据生效判决、裁定等给予政务处分。司法机关改变国家机关工作人员的判决后，任免单位或监察机关还可根据判决内容对原处分、政务处分决定进行调整。② 处分、政务处分的补充启动程序体现了过失渎职犯罪刑事责任与非刑事责任并行的处置思路，处分或政务处分不能代替刑罚，刑罚亦不能代替处分或政务处分。

二、具备党员身份责任主体的党内责任：纪律处分与党内问责

　　在推进全面依法治国和全面从严治党的战略布局下，具备中国共产

---

① 朱福惠. 论监察法上政务处分之适用及其法理［J］. 法学杂志，2019，40（9）.
② 公务员法第 61 条第 2 款；政务处分法第 16 条。

党党员身份的国家机关工作人员，须接受国家法律与党内法规的双重约束。党的纪律（以下简称"党纪"）作为党内法规制度的一个子制度系统，是由党制定或认可的、对于全体党员具有强制力的党员义务性行为规范，① 是中国共产党自我治理和自我管控的重要手段。治党管党的总规矩——《中国共产党章程》从政治、组织、廉洁、群众、工作、生活六个方面为党员全方位树立了纪律规范。从这六类纪律中，均可找到督促党员正确履行国家公务的行为要求。例如，党的政治纪律要求党员维护国家安全利益，群众纪律要求党员不得不作为、乱作为，工作纪律要求党员工作不得不负责任或疏于管理等。顺承党的十八届四中全会提出的"党规党纪严于国家法律"原则，党的纪律内容要么与法律规定相同，要么标准比法律规定更严格。因此，违纪未必违法犯罪，但违法犯罪必定违纪。实施过失渎职行为、违反刑法成立过失渎职犯罪的党员，必然也违反了作为国家机关工作人员职务行为来源之一的党规党纪，其在承担法律责任的同时，也须接受党纪责任的追究。《中国共产党章程》（以下简称党章）、《中国共产党纪律处分条例》（以下简称《纪律处分条例》）和《中国共产党问责条例》（以下简称《问责条例》）是追究党纪责任的三大党内法规依据，针对全体党员与党的领导干部设定了既有区别又有重叠的党纪责任。

（一）具备党员身份的国家机关工作人员的纪律处分规则

适用于全体党员的党纪责任形式为党的纪律处分。纪律处分制度体系，由党章和《纪律处分条例》等实体性规范，及《中国共产党纪律检查机关监督执纪工作规则》等一系列程序性规范共同构建。《纪律处分条例》被比作党内法规中的"刑法"，其中"纪律"为党员提供行为

---

① 王磊. 中国共产党的纪律检查法治化研究［D］. 北京：中共中央党校，2019：21.

规范指引，而"处分"则为违纪党员的制裁和预防提供依据。① 2023年新修订的《纪律处分条例》依据党章第七章的内容作出了具体规定：党员违反党章、其他党内法规、国家法律、政策或社会主义道德，危害党、国家和人民利益的，应视情节严重程度给予警告、严重警告、撤销党内职务、留党察看、开除党籍的不同类型的党纪处理或处分，有玩忽职守等过失渎职行为涉嫌犯罪的党员，应当根据犯罪情节的严重程度给予其撤销党内职务、留党察看甚至开除党籍的处分。② 党纪处分的启动程序，分为受到刑罚处罚前先行启动党纪处分程序，以及在刑罚处罚后补充启动党纪处分程序两条路径。《纪律处分条例》第31条将先行启动党纪处分认定为原则性启动程序，即党组织在纪律审查中发现党员涉嫌犯罪的，先作出党纪处分决定，按照规定由监察机关给予政务处分或者由任免单位给予处分后，再移送有关国家机关依法处理。③ 另一方面，具备党员身份的国家机关工作人员，有着高于群众的政治责任与义务，其实施渎职犯罪，在一定程度上体现了政治信念的动摇和政治理想的泯灭，于刑事责任追究前先行作出党纪处分决定，是对全面从严治党政策的贯彻。④ 先行启动党纪处分这一原则性程序有两种例外情形：一是当纪检监察机关处理的渎职违法案件，存在案件事实与行为定性的争议，难以判断是否构成犯罪并被判处刑罚时，可以先行移送司法机关，待司法裁判结果明确后，再作出党纪处分决定；二是对于需等待上级党组织审批，而可能超出留置期限的案件，可经同级党委同意后，移送司

① 石伟.党内法规中的"刑法"：新修订版《中国共产党纪律处分条例》解读 [J].马克思主义与现实，2016（4）.
② 《纪律处分条例》第7条、第8条.
③ 陈家喜.党纪与国法：分化抑或协同 [J].武汉大学学报（人文科学版），2016，69（1）.
④ 朱福惠.论监察法上政务处分之适用及其法理 [J].法学杂志，2019，40（9）.

法机关进行判决，待上级批示后再行公示党纪处分决定。① 党纪处分的补充启动程序，是党组织依据司法机关的生效裁判结果，作出相应党纪处分的程序。当生效裁判结果发生变化时，作出原党纪处分决定的党组织，应视具体裁判情况，决定是否重新作出党纪处分决定。

（二）具备党的领导干部身份的国家机关工作人员的问责规则

适用于党的领导干部的党纪责任形式为党内问责。党的领导干部是党员群体中的"关键少数"，习近平总书记强调："要抓住领导干部这个'关键少数'"②，这是实现全面依法治国和全面从严治党目标的关键。为强化对领导干部的监督与约束，我国创造性地将问责对象对其行为进行解释辩护、问责主体据此作出判断，并可能使问责对象承担不利后果的问责机制，与政党权力相结合建立了党内问责机制，③ 并以《问责条例》的党内法规形式加以确立和固定。党内问责的对象是党组织以及党的领导干部，④ 问责事由为"不履行或不正确履行职责"，即党的领导干部的"失职失责"行为。从《问责条例》第 7 条列举的 10 种具体应予问责的失职失责行为来看，失职失责行为与过失渎职行为具有高度重合性，尤其是第 9 款、第 10 款几乎涵盖了监管过失型渎职行为、直接侵害型渎职行为等所有过失渎职犯罪行为的类型。因此，当作为党的领导干部的国家机关工作人员实施过失渎职行为时，对其有管理权限的党委（党组）、纪委和党的工作机关，经负责人审批便可启动问责调查程序，并由对该党员有管理权限的党组织作出问责决定。党的领导干

---

① 钟纪晟. 对于涉嫌职务犯罪，但又无法确定是否会被判处刑罚的是否必须在移送起诉前作出党纪、政务处理？［N］. 中国纪检监察报，2019-09-18.（8）.

② 习近平在中央全面依法治国工作会议上发表重要讲话［EB/OL］. 中华人民共和国政府网，2020-11-17.

③ 王立峰，吕永祥. 党内问责机制：推进全面从严治党的有效路径［J］. 探索，2017（1）.

④ 《问责条例》第 5 条、第 7 条。

部的问责，包括通报、诫勉、组织调整或者组织处理以及纪律处分四种方式，四种方式既可单独使用，也可合并使用。① 故对党的领导干部而言，进行党纪处分之余，可同时以其他问责方式对其进行处置。由此可以看出，党内问责与党的纪律处分，虽都是党内纪律责任的承担方式，但两者的决定主体不同、适用对象不同、运作程序不同。党纪处分是党内问责的具体方式之一，党内问责的严厉性要高于单纯的党纪处分。党纪处分与党内问责不能相互替代，两者通常相互衔接、形成互补，② 共同发挥对党的领导干部的党内责任追究作用。

　　刑事责任与非刑事责任都具有预防犯罪的效果，但与刑罚和处分、政务处分的犯罪预防功能相比，党纪责任的犯罪预防功能处于最前端的位置。具体而言，刑罚是在司法机关确认国家机关工作人员成立过失渎职犯罪后，施加给犯罪人的，此时法益侵害结果已经发生、不可逆转，刑罚的犯罪预防功能，只能是预防未来可能再发生之犯罪。处分或纪律处分将犯罪预防节点提前至过失渎职违法阶段，虽然任免单位、机关和监察机关的监督和及时介入能够有效阻止过失渎职违法进一步演变为过失渎职犯罪，但过失渎职违法行为也已然对国家、社会和人民利益造成了既定不可逆转的侵害，且渎职违法现象的产生并非一日之功，而是国家机关工作人员职责意识淡漠、工作态度懈怠长期累积的后果。党纪责任之所以处于犯罪预防节点的最前端，乃是因为党的先进性具体化为政治纪律、组织纪律、工作纪律、廉洁纪律等负面行为清单。这些涉及党员政治觉悟、工作态度乃至道德修养层面的严格要求，提高了党员的行为规范底线，确保党的纪律底线与《监察法》《刑法》等国家法律之间存在充足的缓冲空间。③ 在党员突破党纪底线而未触及违法犯罪边界的

---

① 《问责条例》第8条。
② 谷志军. 党内问责制：历史，构成及其发展 [J]. 社会主义研究，2017（1）.
③ 侯嘉斌. 党内法规的效力位阶与冲突规避 [J]. 社会主义研究，2019（5）.

情况下，即可灵活运用监督执纪的前三种形态，防止"风起于青萍之末"，使批评与自我批评，成为具备党员身份的国家机关工作人员，在履行职务行为过程中的常态；当其出现失职失责倾向时，令其承担党纪责任，让党纪轻处分成为大多数、党纪重处分成为少数，层层递进守住预防关口，① 从源头阻断过失渎职违法、过失渎职犯罪的发展历程，从而有效减少第四种形态的运用，实现"靠法律惩治贪渎腐败的极少数，靠党纪管住党员干部的大多数"② 之目标。发挥党纪责任的犯罪预防"前置"功能，要求优先适用党纪责任，"抓早抓小、动辄则咎"③，督促党员及党的领导干部提高红线意识，自觉按照党纪的高标准妥善履行职务行为，将过失渎职违法犯罪现象消灭于萌芽阶段。这是《纪律处分条例》将先行启动党纪处分程序，规定为原则性启动程序的目的之一，也是"纪法分离、纪严于法、纪在法前"的应有之义。

第三节 过失渎职犯罪多元责任的衔接

我国监察体制改革给国家机关工作人员成立过失渎职犯罪的责任承担带来了重大影响。中国特色监察制度的建立，重构了过失渎职犯罪责任主体的非刑事责任体系，继而影响其刑事责任与非刑事责任的衔接与适用。《监察法》及《政务处分法》的出台，标志着我国形成了处分与政务处分并存的双轨制处分机制，这就涉及在我国行政违法与刑事犯罪二元区分的制度设计基础上，如何实现刑罚与处分或政务处分的衔接适

---

① 夏伟.监察体制改革"纪法衔接"的法理阐释及实现路径 [J].南京师大学报（社会科学版），2020（1）.
② 坚持纪在法前、纪严于法 [N].人民日报，2015-10-23（5）.
③ 王岐山.全面从严治党 把纪律停在前面 忠诚履行党章赋予的神圣职责 [N].人民日报，2016-01-25（3）.

用问题。监察委员会的设立及其与党的纪律检查委员会合署办公，使纪检监察机关成为"党、政、法"三位一体的机构。① 纪检监察工作强调让党纪责任成为渎职违法犯罪的预警疏导机制，故在党的统一领导下推进渎职犯罪治理的"纪法协同"，成为新时期反渎工作的突出特征。② 党纪严于国法、违法必然违纪，决定了党员在成立过失渎职犯罪时必须承担党纪责任。因此，对具备党员身份的国家机关工作人员而言，其责任承担还存在协调刑罚与党纪责任、处分或政务处分与党纪责任之间的衔接适用问题。另外，过失渎职犯罪刑事责任与非刑事责任的衔接与适用有两个不同维度的指向：刑事责任与非刑事责任的程序性衔接适用机制，要理顺不同类型责任之间的承担顺序；而刑事责任与非刑事责任的实体性衔接承担规则，要根据过失渎职犯罪的判决结果，探讨不同刑事责任情况下非刑事责任的具体内容。

一、过失渎职犯罪多元责任的程序性衔接机制

刑事责任与非刑事责任的程序性衔接机制，是刑事诉讼程序与国家监察程序、党的纪律检查程序衔接机制中的一部分。过失渎职犯罪的刑事责任，是刑事诉讼程序的最终环节即刑事司法审判环节的判决结果，其产生节点是固定的，但由于检察机关、监察机关、党的纪律检查机关对过失渎职犯罪案件均有管辖权，过失渎职案件可以分别通过司法立案、监察立案、纪检立案的途径开启案件的侦查、调查或审查。加之处分、政务处分、党纪责任均为双向启动程序，因此，非刑事责任的产生节点，既可能先于刑事责任，也可能晚于刑事责任。需要明确的是，2023 年修订的《纪律处分条例》第 31 条规定了党纪处分优先的原则，

---

① 龙宗智. 监察体制改革中的职务犯罪调查制度完善 [J]. 政治与法律，2018（1）.
② 蒋凌申. 论监察体制改革中的纪法协同 [J]. 南京大学学报（哲学·人文科学·社会科学），2020，57（3）.

但所谓"纪在法前"，绝不意味着对所有涉嫌过失渎职犯罪的党员都要先给予党纪处分再移交其他机关作出相应的责任承担决定，而应遵循"谁先发现谁先办、涉及的下家接着办"① 的原则来理顺不同类型责任之衔接顺序。

监察体制改革使党的纪律检查机关与国家监察机关合署办公，实行一套工作机构、两个机关名称，两机关在工作人员的组成上体现出融合性。② 纪检机关与监察机关虽各自有独立的职责职能、监督范围和办公程序，但鉴于合署办公在线索移交和证据转化等程序层面的相对便利，待过失渎职犯罪案件流转到纪检监察机关时，由纪律检查委员会和监察委员会分别作出党纪处分和政务处分决定，再移送其他机关对责任主体作出相关责任承担决定，这将使责任衔接机制的运行更为顺畅、高效。这一点在《纪律处分条例》第31条中得到了印证：纪律审查过程中发现党员涉嫌犯罪的，原则上先作出党纪处分，并由监察机关给予政务处分或者由任免机关（单位）给予处分后，再移送司法机关依法处理。若处分、政务处分、党纪责任的决定是基于刑事诉讼程序结束后的生效司法裁判作出的，即非刑事责任决定在补充启动程序中作出，当司法机关改变裁判内容并对非刑事责任决定产生影响时，非刑事责任的原决定主体应当根据改变后的裁判结果再次对责任主体作出相应的非刑事责任认定。

过失渎职犯罪案件刑事立案侦查进入刑事诉讼程序之后，可能出现三种终结诉讼程序的形态：1. 犯罪情节轻微，人民检察院依法作出不起诉决定；2. 经过人民法院审理，认为不构成过失渎职犯罪；3. 经过

---

① 郝铁川. 依法治国和依规治党中若干重大关系问题之我见 [J]. 华东政法大学学报，2020，23（5）.

② 秦前红，周航. 党纪处分与政务处分的衔接协调及运行机制 [J]. 中国法律评论，2021（1）.

人民法院审理，认为构成过失渎职犯罪。不同情形下国家机关工作人员刑事责任与非刑事责任的衔接适用规则各不相同：在法定不起诉情形与法院判决认定不构成过失渎职犯罪的情形下，责任主体没有刑事责任，仅需承担非刑事责任；在法院判决认定构成过失渎职犯罪但免于刑事处罚的情形下，责任主体有刑事责任，但不必承受具体的刑罚处罚，仅需承担相应的非刑事责任；在法院判决认定构成过失渎职犯罪且判处了实刑的情形下，责任主体需同时承担刑事责任与非刑事责任。

二、法定不起诉或无罪判决情形下非刑事责任之间的实体衔接

涉嫌犯罪的过失渎职行为，因情节轻微不构成犯罪，而由检察机关作出法定不起诉决定，或由审判机关作出无罪判决的，结合我国行政违法与刑事犯罪二元区分的法律制度，可以解读出如下信息：我国刑法对犯罪概念采取既定性又定量的做法，过失渎职行为情节轻微不构成刑事犯罪，是作为犯罪定量因素的情节、数额等体现行为危害程度的要素未达到成立渎职犯罪的"量"的标准。[①] 监察机关既以涉嫌过失渎职犯罪为由，将案件移交至司法机关，就证明该过失渎职行为的危害程度处于严重行政违法与刑事犯罪边界，即便不成立犯罪，至少也应当被划归为较重的过失渎职违法行为或严重过失渎职违法行为，而不属于《政务处分法》第12条规定之"违法情节轻微"或《行政机关公务员处分条例》第14条规定之"违纪行为情节轻微"等可以免除政务处分与处分的轻微违法行为行列，理应由其任免单位、机关给予处分或由监察机关给予政务处分。若国家机关工作人员具备党员身份，基于党纪严于国法的认定标准，其实施的较重或严重过失渎职违法行为，必定也严重违反

---

① 姚建龙，尹娜娜. 监察法视野下职务违法与职务犯罪的界分：以监察程序的完善为重点 [J]. 上海政法学院学报（政治论丛），2018，33（6）.

了党的纪律规定，必须受到党纪处分或接受党内问责等党内纪律责任。因此，涉嫌过失渎职犯罪进入刑事诉讼程序的国家机关工作人员，经检察院作出法定不起诉决定或经审判后宣判无罪的，无需承担刑事责任，但应按照较重或严重违法违纪的评价标准，承担相应的非刑事责任。

（一）政务处分的优先适用

国家机关工作人员实施较重或严重过失渎职违法行为的处分依据，目前仅有《行政机关公务员处分条例》可以参照。《行政机关公务员处分条例》第20条和第26条分别规定，行政机关公务员不依法履行职责，致使可以避免的爆炸、水灾、传染病传播、环境污染、重大人员伤亡事故、重大群体性事件发生，发生上述重大事故或其他重大刑事、治安案件瞒而不报、不按规定处置的，泄露国家秘密或有其他因玩忽职守贻误工作的渎职行为，情节较重的，给予降职或撤职处分；情节严重的，给予开除处分。第21条规定，违法实施行政行为情节较重的，给予记大过或降级处分；情节严重的，给予开除处分。由此可知，国家行政机关工作人员实施较重或严重过失渎职违法行为，以记大过为处分下限，最高可以被处以开除的处分。另有《政务处分法》第14条规定，国家机关工作人员犯罪情节轻微，人民检察院依法作出不起诉决定的，予以撤职，造成不良影响的，予以开除。由此可以看出，监察机关对国家机关工作人员实施较重或严重过失渎职违法行为作出的政务处分决定更为严格，只要案件进入了刑事诉讼程序，就会适用降级和撤职两种严厉的政务处分方式顶格处理。

双轨制处分机制下，实施了较重或严重过失渎职违法行为的国家机关工作人员，既可适用处分，也可以适用政务处分。"处分先占"原则虽然解决了两种处分类型的选择适用问题，但在实践中仍存在操作困难。尤其是当任免机关和监察机关，就国家机关工作人员的同一较重或严重过失渎职违法行为，同时作出处分/政务处分决定时，若具体处分方式相同，应执行哪种类型的处分决定；若处分方式不同，又该执行哪种类型的处分。警告、记过、记大过、降级、撤职、开除六种具体处分方式，按照决定作出机关的不同分别称之为处分和政务处分。但在实际执行过程中，六种处分形式均由责任主体的任免单位来执行，即便是监察机关作出的政务处分决定，亦由任免单位来具体落实。① 因此，任免单位和监察机关同时针对国家机关工作人员的同一较重或严重过失渎职违法行为，作出完全相同的处分决定时，考虑到任免机关执行处分措施的便宜性，可以适用处分制度。任免单位和监察机关同时作出不同的处分决定时，应适用监察机关的政务处分决定，理由在于：其一，处分是任免单位的内部行政管理、惩戒行为，难以避免任免单位偏袒本单位工作人员，从而处分畸轻的现象。如在记大过与降级之间选择记大过的处分方式，在降级与撤职之间选择降级的处分方式。其二，任免单位的调查权是行政管理权或人事任免权派生的临时性权限，而监察机关的调查权不仅在形式上具有与侦查机关之侦查权相似的外观，在法律效果上也等同于侦查机关之侦查权。② 监察机关按照刑事证据标准收集证据材料，且同侦查机关收集的证据材料一样适用"非法证据排除"规则，其所收集的证据材料完全可以在刑事诉讼程序中使用。较之任免单位作出处分决定前的调查程序，③ 监察机关作出政务处分决定前的调查程序④更为完善、权威，故适用政务处分决定也更加合理。

（二）党内纪律责任的适用

《纪律处分条例》第 30 条明确指出，党员实施未构成犯罪的违法

---

① 任巧．论对行政公务员的行政处分和政务处分双轨机制之间的调适［J］．重庆社会科学，2019（12）．

② 陈瑞华．论国家监察权的性质［J］．比较法研究，2019（1）．

③ 《公务员法》第 63 条第 2 款；《行政机关公务员处分条例》第 39~45 条。

④ 《政务处分法》第 42~48 条。

违纪行为的，应追究其党纪责任，第 33 条是具有党员身份的国家机关工作人员实施过失渎职行为而被人民检察院依法作出不起诉决定时党纪责任的原则性适用规则。据此，党员实施较重或严重过失渎职违法行为的，应当给予撤销党内职务、留党察看或者开除党籍处分。若国家机关工作人员在党内负有领导职务，须依据《问责条例》第 8 条接受党内问责。党的领导干部实施较重或严重失职失责违纪行为，危害较重、不再适宜继续担任现职的，可令其停职检查、调整职务、责令辞职、免职或降职。在采取组织调整、处理措施之余，还可以对被问责的领导干部合并适用通报、诫勉、党纪处分等问责方式。

三、定罪免刑与定罪判刑时刑事责任与非刑事责任的实体衔接

当作为适格主体的国家机关工作人员，实施的过失渎职行为符合《刑法》第 9 章描述的犯罪行为外观构造、具备制造了不被允许的风险之过失行为不法实质，其造成的法益侵害结果或法益侵害风险达到了刑事立案"量"的标准且过失渎职行为与结果之间存在事实因果关系、结果能够客观归责于过失渎职行为时，且国家机关工作人员不存在欠缺结果预见可能性、违法性认识可能性及期待可能性等责任阻却事由，审判机关即可认定其成立过失渎职犯罪并作出有罪判决。有罪判决意味着责任主体需承担一定的刑事责任，而依据《行政机关公务员处分条例》第 17 条、《政务处分法》第 49 条第 3 款、《纪律处分条例》第 35 条第 4 款，非刑事责任的内容一定会受到刑事责任的影响。申言之，当责任主体需同时承担刑事责任与非刑事责任时，应以刑事责任为中心，来对非刑事责任进行调整，从而使两种类型责任在犯罪惩罚的严厉性层面相匹配、在犯罪预防的功能性层面相互补。审判机关作出的有罪判决也分为两种不同类型：一是判决过失渎职犯罪成立，但免于刑事处罚，即通常所谓的定罪免刑情形；另外则是判决过失渎职犯罪成立，并且判处了

实刑，即定罪判刑的情形。

（一）过失渎职犯罪定罪免刑情形下刑事责任与非刑事责任的衔接

有观点认为定罪免刑"对行为人没有任何惩罚"①，这种观点并不完全准确。我国的刑事责任类型包括刑罚处罚、非刑罚性处置措施以及单纯宣告有罪。免于刑事处罚免除的是责任主体的刑罚处罚，②并不代表免除了责任主体的全部刑事责任，审判机关可以根据案件情况，以单纯宣告有罪或予以非刑罚处罚措施的方式，令责任主体承担刑事责任。过失渎职犯罪的定罪免刑，常以单纯宣告有罪为刑事责任的承担方式。作为刑事责任的一种承担方式，单纯宣告有罪是国家以对犯罪的追诉和对犯罪的形式认可之方式，表明国家对犯罪行为的感知与回应。③此外，审判机关还可以视具体案件情节，对构成过失渎职犯罪但免于刑事处罚的国家机关工作人员，予以训诫、令其赔礼道歉或赔偿损失、责令具结悔过等非刑罚处置。定罪免刑免除了刑罚处罚，刑事责任的严厉性和预防效果从整体上随之下降，因此需要通过适当的非刑事责任来一定程度上弥补刑罚的惩罚与预防功能。《政务处分法》第 14 条为国家机关工作人员定罪免罚的刑事责任承担情形，匹配了撤职和开除两种最为严厉的政务处分方式。《纪律处分条例》第 33 条也针对党员定罪免罚的刑事责任承担情形，匹配了撤销党内职务、留党察看或者开除党籍的党纪处分方式。

（二）过失渎职犯罪定罪判刑情形下刑事责任与非刑事责任的衔接

与定罪免刑相对，定罪判刑是指审判机关在宣告有罪的同时作出了

---

① 姜涛. 从定罪免刑到免刑免罪：论刑罚对犯罪认定的制约 [J]. 政治与法律，2019 (4).

② 贺洪波. 我国《刑法》第 37 条研究 [D]. 重庆：西南政法大学，2014：34.

③ [德] 耶赛克，魏根特. 德国刑法教科书 [M]. 徐久生，译. 北京：中国法制出版社，2001：1031.

刑罚处罚决定，即以刑罚处罚为责任主体承担刑事责任的方式。过失渎职犯罪的刑罚种类只有自由刑，将由审判机关依据过失渎职犯罪案件的具体事实和情节进行自由裁量，判处成立过失渎职犯罪的国家机关工作人员，从拘役到十年以下有期徒刑不等的刑期。刑事追责、公务追责和党纪问责是独立并行的路线，① 定罪判刑情形下的责任主体承担了实刑形态的刑事责任，但不可因此免除其非刑事责任的承担。《行政机关公务员处分条例》第 17 条对所有被判处刑罚的行政机关工作人员施加开除的处分，行政机关工作人员只要构成过失渎职犯罪并被判处拘役以上的刑罚，即没有从轻处分的余地。在定罪判刑的情形下，国家机关工作人员的政务处分与党纪处分还受到其被判处的自由刑刑期幅度的影响。以构成过失渎职犯罪被判处三年有期徒刑为分界线，依据《政务处分法》第 14 条和《纪律处分条例》第 34 条，刑期超过三年的，应对国家机关工作人员予以开除的政务处分和开除党籍的党纪处分；刑期在三年以下（包括拘役和缓刑）的，一般予以国家机关工作人员开除的政务处分和开除党籍的党纪处分。但特殊情况下可以不予开除或开除党籍的，可以由政务处分决定机关报请上一级监察机关、由党纪处分的决定机关报请上一级党组织批准，经批准后可以予其撤职的政务处分或保留其党籍。

---

① 刘艳红.《监察法》与其他规范衔接的基本问题研究 [J]. 法学论坛, 2019, 34 (1).

结　语

当前，我国已迈入监察体制改革的新阶段，党和国家正以前所未有的决心和力度整治过失渎职犯罪。对国家机关工作人员实现法律监督、国家监察和党的纪律监督等多位一体有效监督是实现依法治国和依规治党有机统一的重要举措，也是推进国家治理体系和治理能力现代化的重要目标。在这一时期，我国刑法理论与刑事司法实践的发展同样呈现出勃勃生机，刑法理论的构建愈发精细、完善，刑事司法实践的展开也在保证犯罪惩治与预防实效的基础上，更加追求科学和规范。在这样的时代背景和理论背景之下，我国过失渎职犯罪的研究进入了新的篇章。

本书对过失渎职犯罪的整体审视以允许的风险理论为基点。允许的风险理论在行为的危险性和行为对社会的有用性之间进行衡量。立法为对社会有益的风险行为留出了一定的允许空间，若行为人在实施允许空间内的风险行为时遵守了法律规则，那么该风险自不符合构成要件。从允许的风险视角来看，过失渎职犯罪的构成要件行为实质上是制造了不被允许的风险的行为。过失渎职犯罪的结果既包括不被允许的风险现实化后的实害结果，即"风险实现"形态的结果，也包括不被允许的风险未现实化的具体危险或抽象危险结果形态，即"风险制造"形态的结果。在具备结果避免可能性的前提下，唯有渎职结果是过失渎职行为所制造的不被允许的风险在规范目的保护范围内的实现，结果责任才能在客观上归属于过失渎职行为。再转换至主观不法视角，过失渎职犯罪的结果预见义务也应划分为"风险制造的预见"和"风险实现的预见"两个层次。国家机关工作人员不能以个人预见能力低于其职责领域内的一般理性人平均预见能力为由阻却责任过失，若其具备特殊认知和较高主观预见水平，则采取行为人个别化标准判断其责任过失的成立情况。

过失渎职犯罪的预防节点应当提前。过失渎职犯罪行为的"前形态"为过失渎职违法或违纪行为，对过失渎职违法违纪向过失渎职犯罪转化"临界点"的判断，就是犯罪构成要件符合性的判断。我国立法"定性+定量"的立法模式决定了过失渎职犯罪构成要件是"质"与"量"的统一。构成要件的"质"是刑法对过失渎职犯罪违法类型的选择，"量"则是对过失渎职行为违法性程度的评价。司法实践一般通过判断过失渎职行为造成的侵害或威胁是否已达到了成立具体罪名所要求的刑事立案标准，来衡量行为违法性达到了值得科处刑罚的程度。当过失渎职行为不符合违法性程度"量"的要求时，行为不符合构成要件而非符合构成要件但法益侵害（绝对、相对）轻微。若能在前一阶段及时发现渎职违法违纪行为并处理，就能阻断其向过失渎职犯罪转化。这就要求我国国家监察、法律监督和党的纪律监督体系切实发挥监察监督作用，督促国家机关工作人员提高红线意识，自觉按照行政法规范以及党内法规制度的高标准履行职责，将过失渎职犯罪现象消灭于违法违纪的萌芽阶段，以实现对过失渎职犯罪的有效预防。

过失渎职犯罪的治理节点也应当提前。具体而言，刑法对过失渎职犯罪法益保护的时间节点应提前至法益受到危险侵害时，即惩治过失渎职犯罪的危险结果。过失渎职犯罪的复合保护法益为国家机关工作人员职务行为的规范性，以及国家机关工作人员规范履行职务行为所保障的公共利益或个人利益。在某些情形下，过失渎职行为一旦实施，就会对上述法益造成重大侵害威胁，风险现实化为重大实害结果的概率极高。

从我国的刑事立法现状来看，《刑法修正案（十一）》对食品、药品监管渎职罪的修订，动摇了过失渎职犯罪中不存在危险犯的结论。《渎职案件立案标准》以及相关司法解释的内容也表明，过失泄露国家秘密罪中包含抽象危险结果。未来，我国可以在涉及传染病防治或危害不特定多数人的生命健康的过失渎职犯罪罪名中增设具体危险结果，在可能侵害重大超个人法益的过失渎职犯罪罪名中增设抽象危险结果。如此一来，刑法在行为人实施具有危险性的过失行为时就可以提前介入，从而阻断法益侵害危险朝着现实侵害结果转化的进程，实现对法益的超前保护。

监察体制改革深刻影响了过失渎职犯罪的责任追究形式。就过失渎职犯罪的追责依据而言，除《刑法》第 96 条中列明的"国家规定"外，行政规章、地方性规范文件和单位内部的规章制度，只要是作为对上位法的细化和补充而不与上位法相抵触的，均可以成为判断国家机关工作人员是否成立过失犯罪的规范性依据。另外，过失渎职犯罪的主体大都具备中国共产党党员身份，其职务行为也受党内法规制度的约束。虽然党内法规不能成为法院审判活动的最终裁决依据，但党内法规是辅助判断国家机关工作人员是否实施了失职渎职行为的重要参照资料。就过失渎职犯罪的责任形式而言，国家机关工作人员在承担以自由刑为主、未来或将以罚金刑为主的刑事责任之余，还要接受源自监察权的政务处分或者源自行政权或人事任免权的处分。具备中国共产党党员身份的国家机关工作人员成立过失渎职犯罪，同时必须受到党内纪律处分或党内问责。

在监察体制改革促成的"法法衔接""纪法融合"趋势下，过失渎职犯罪主体的多元责任承担应遵循以下原则：优先适用党纪处分，这是"纪在法前"的应有之义；优先适用政务处分机制，在双轨制处分机制下，"处分先占"和"择一适用"原则虽然解决了两种处分类型的选择适用问题，但基于监察机关监察效力的外部性、独立性、客观性、公正性以及监察机关调查效力的法定性、权威性，更宜由监察机关作出政务处分决定。视刑事诉讼实体终结形态的不同，过失渎职犯罪责任主体刑事责任与非刑事责任的衔接适用也有所区别。涉嫌过失渎职犯罪后经检察院作出法定不起诉决定或经审判后宣判无罪的，责任主体按照较重或严重违法违纪的评价标准承担相应的非刑事责任。定罪免刑情形下，应接受撤职和开除的政务处分以及撤销党内职务、留党察看或者开除党籍的党纪处分。定罪判刑情形下，刑事责任依犯罪情节严重程度为拘役到十年以下有期徒刑不等的自由刑。刑期超过三年的同时予以开除的政务处分和开除党籍的党纪处分；刑期在三年以下的一般予以开除的政务处分和开除党籍的党纪处分，特殊情况可以报请上一级党组织批准予以撤职的政务处分或保留党籍。

站在"坚持严的主基调不动摇，以零容忍态度惩治腐败"的时代立场上，必须更加重视对过失渎职犯罪的惩治与预防。本书贯通理论与实践，密切关注过失渎职犯罪治理的实践进展，敏锐捕捉在过失渎职犯罪构成要件的认定、归因与归责的判断、多元纪法责任的衔接与适用过程中出现的问题，加强过失渎职犯罪的理论研究，推动过失渎职犯罪的立法完善，为肃风正纪、深化监察体制改革贡献微薄之力。

参考文献

一、中文参考文献

（一）著作

［1］马克昌．犯罪通论［M］．武汉：武汉大学出版社，1991.

［2］王世洲．现代刑法学：总论［M］．北京：北京大学出版社，2018.

［3］王扬，丁芝华．客观归责理论研究［M］．北京：中国人民公安大学出版社，2006.

［4］王雨田．英国刑法犯意研究：比较法视野下的分析与思考［M］．北京：中国人民公安大学出版社，2006.

［5］王俊．客观归责体系中允许风险的教义学重构［M］．北京：法律出版社，2018.

［6］车浩．阶层犯罪论的构造［M］．北京：法律出版社，2017.

［7］田宏杰．违法性认识研究［M］．北京：中国政法大学出版社，1998.

［8］付立庆．犯罪构成理论：比较研究与路径选择［M］．北京：法律出版社，2010.

［9］冯军．刑事责任论［M］．北京：社会科学文献出版社，2017．

［10］吕英杰．客观归责下的监督、管理过失［M］．北京：法律出版社，2013．

［11］刘艳红．实质犯罪论［M］．北京：中国人民大学出版社，2014．

［12］许玉秀，陈志辉．不移不惑献身法与正义：许迺曼教授刑事法论文选辑［C］．台北：公益信托春风熙日学术基金，2006．

［13］许玉秀．主观与客观之间：主观理论与客观归责［M］．北京：法律出版社，2008．

［14］许玉秀．当代刑法思潮［M］．北京：中国民主法制出版社，2005．

［15］劳东燕．风险社会中的刑法：社会转型与刑法理论的变迁［M］．北京：北京大学出版社，2015．

［16］苏雄华．犯罪过失理论研究：基于心理本体的三维建构［M］．北京：法律出版社，2012．

［17］张亚军．刑法中的客观归属论［M］．北京：中国人民公安大学出版社，2008．

［18］张明楷．刑法分则的解释原理［M］．北京：中国人民大学出版社，2011．

［19］张波．罪过的本质及其司法运用［M］．北京：法律出版社，2014．

［20］陈兴良．走向规范的刑法学［M］．北京：北京大学出版社，2018．

［21］陈宏毅．论过失不作为犯［M］．台北：元照出版有限公司，2014．

[22] 陈璇. 刑法归责原理的规范化展开 [M]. 北京: 法律出版社, 2019.

[23] 林山田. 刑法通论 [M]. 北京: 北京大学出版社, 2012.

[24] 林钰雄. 新刑法总则 [M]. 北京: 中国人民大学出版社, 2009.

[25] 周振想. 公务犯罪研究综述 [M]. 北京: 法律出版社, 2005.

[26] 胡世凯. 明主治吏不治民: 中国传统法律中的官吏渎职罪研究 [M]. 北京: 中国政法大学出版社, 2002.

[27] 侯国云. 刑法因果新论 [M]. 北京: 中国人民公安大学出版社, 2012.

[28] 侯国云. 过失犯罪论 [M]. 北京: 人民出版社, 1993.

[29] 高铭暄, 马克昌. 刑法学 [M]. 北京: 北京大学出版社, 2017.

[30] 黄荣坚. 刑法问题与利益思考 [M]. 北京: 中国人民大学出版社, 2009.

[31] 曹菲. 管理监督过失研究: 多角度的审视与重构 [M]. 北京: 法律出版社, 2013.

[32] 韩玉胜, 王达. 监察机关职务犯罪调查法律实务 [M]. 北京: 中国法制出版社, 2019.

[33] 程皓. 注意义务比较研究: 以德日刑法理论和刑事判例为中心 [M]. 武汉: 武汉大学出版社, 2009.

[34] 童德华. 刑法中客观归属论的合理性研究 [M]. 北京: 法律出版社, 2012.

[35] 储槐植. 刑事一体化论要 [M]. 北京: 北京大学出版社, 2007.

[36] 蔡桂生. 构成要件论 [M]. 北京: 中国人民大学出版社, 2015.

[37] 缪树权. 渎职罪疑难问题研究 [M]. 北京: 中国检察出版社, 2006.

（二）译著

［1］［日］甲斐克则．责任原理与过失犯论［M］．谢佳君，译．北京：中国政法大学出版社，2016.

［2］［日］西田典之．日本刑法总论［M］．王昭武，刘明祥，译．北京：法律出版社，2013.

［3］［日］松宫孝明．刑法总论讲义［M］．钱叶六，译．北京：中国人民大学出版社，2013.

［4］［日］松原芳博．刑法总论重要问题［M］．王昭武，译．北京：中国政法大学出版社，2014.

［5］［日］前田雅英．刑法总论讲义［M］．曾文科，译．北京：北京大学出版社，2017.

［6］［日］高桥则夫．刑法总论［M］．李世阳，译．北京：中国政法大学出版社，2020.

［7］［日］曾根威彦．刑法学基础［M］．黎宏，译．北京：法律出版社，2005.

［8］［英］边沁．道德与立法原理导论［M］．时殷弘，译．北京：商务印书馆，2000.

［9］［美］哈特，奥诺尔．法律中的因果关系［M］．张绍谦，孙战国，译．北京：中国政法大学出版社，2005.

［10］［美］胡萨克．刑法哲学［M］．姜敏，译．北京：中国法制出版社，2015.

［11］［意］加罗法洛．犯罪学［M］．耿伟，王新，译．北京：中国大百科全书出版社，1996.

［12］［德］金德霍伊泽尔．刑法总论教科书［M］．蔡桂生，译．北京：北京大学出版社，2015.

[13] [德] 金德霍伊泽尔. 容许的风险与注意义务违反性: 论刑法上过失责任的构造. 陈毅坚, 译 [M] //江溯. 刑事法评论: 刑法的科技化. 北京: 北京大学出版社, 2020.

[14] [德] 拉伦茨. 德国民法通论 [M]. 王晓晔, 邵建东, 程建英, 等译. 北京: 法律出版社, 2003.

[15] [德] 韦尔策尔. 目的行为论导论: 刑法理论的新图景 [M]. 陈璇, 译. 北京: 中国人民大学出版社, 2015.

[16] [德] 耶赛克, 魏根特. 德国刑法教科书 [M]. 徐久生, 译. 北京: 中国法制出版社, 2017.

[17] [德] 韦塞尔斯. 德国刑法总论 [M]. 李昌珂, 译. 北京: 法律出版社, 2008.

[18] [德] 罗克辛. 德国刑法学总论: 第一卷 [M]. 王世洲, 译. 北京: 法律出版社, 2005.

[19] [德] 辛恩. 论区分不法与罪责的意义. 徐凌波, 赵冠男, 译 [M] //陈兴良. 刑事法评论: 第37卷. 北京: 北京大学出版社, 2016.

[20] [德] 普珀. 客观归责的体系. 徐凌波, 曹斐, 译 [M] //陈兴良. 刑事法评论: 刑法规范的二重性论. 北京: 北京大学出版社, 2017.

[21] [德] 希尔根多夫. 德国刑法学: 从传统到现代 [M]. 江溯, 黄笑岩, 等译. 北京: 北京大学出版社, 2015.

(三) 期刊

[1] 于改之. 法域协调视角下规范保护目的理论之重构 [J]. 中国法学, 2021 (2): 207-227.

[2] 于佳佳. 过失犯中注意义务的判断标准 [J]. 国家检察官学院学报, 2017, 85 (6): 83-106, 171.

[3] 马寅翔. 规范保护目的与构成要件解释 [J]. 中外法学,

2021, 33 (2): 425-445.

[4] 王永茜. 抽象危险犯立法技术探讨: 以对传统 "结果" 概念的延伸解释为切入点 [J]. 政治与法律, 2013 (8): 10-20.

[5] 王伟国. 国家治理体系视角下党内法规研究的基础概念辨析 [J]. 中国法学, 2018 (2): 269-285.

[6] 王安异. 浅谈监督过失的注意义务 [J]. 华中科技大学学报 (社会科学版), 2005 (6): 37-40.

[7] 王良顺. 预防刑法的合理性及限度 [J]. 法商研究, 2019, 36 (6): 52-63.

[8] 王海涛. 制造法不允许的危险: 质疑与检视 [J]. 国家检察官学院学报, 2020, 28 (1): 57-69.

[9] 叶青, 王小光. 监察委员会案件管辖模式研究 [J]. 北方法学, 2019, 13 (4): 24-35.

[10] 田宏杰. 行政犯的法律属性及其责任: 兼及定罪机制的重构 [J]. 法学家, 2013 (3): 51-62, 176-177.

[11] 吕英杰. 论客观归责与过失不法 [J]. 中国法学, 2012 (5): 119-132.

[12] 朱福惠. 论监察法上政务处分之适用及其法理 [J]. 法学杂志, 2019, 40 (9): 46-57.

[13] 庄劲. 客观归责理论的危机与突围: 风险变形、合法替代行为与假设的因果关系 [J]. 清华法学, 2015, 9 (3): 75-93.

[14] 刘远. 法益与行为规范的关系: 从静态到动态的刑法学诠释 [J]. 法治研究, 2017 (2): 13-21.

[15] 刘作翔. 当代中国的规范体系: 理论与制度结构 [J]. 中国社会科学, 2019 (7): 85-108, 206.

[16] 刘艳红，刘浩.政务处分法对监察体制改革的法治化推进[J].南京师大学报（社会科学版），2020（1）：5-19.

[17] 刘艳红.积极预防性刑法观的中国实践发展：以《刑法修正案（十一）》为视角的分析[J].比较法研究，2021（1）：62-75.

[18] 刘艳红.《监察法》与其他规范衔接的基本问题研究[J].法学论坛，2019，34（1）：5-15.

[19] 孙运梁.客观归责理论的引入与因果关系的功能回归[J].现代法学，2013，35（1）：139-152.

[20] 劳东燕.滥用职权罪客观要件的教义学解读：兼论故意·过失的混合犯罪类型[J].法律科学（西北政法大学学报），2019，37（4）：56-74.

[21] 劳东燕.过失犯中预见可能性理论的反思与重构[J].中外法学，2018，30（2）：304-326.

[22] 劳东燕.责任主义与过失犯中的预见可能性[J].比较法研究，2018（3）：46-64.

[23] 苏永生.法益保护理论中国化之反思与重构[J].政法论坛，2019，37（1）：60-73.

[24] 李冠煜.对积极的一般预防论中量刑基准的反思及其启示[J].中南大学学报（社会科学版），2015，21（1）：59-65.

[25] 吴建雄.国家监察体制改革与新时代中国特色社会主义监督体系构建[J].统一战线学研究，2018，2（1）：48-58.

[26] 吴建雄.国家监察体制改革背景下职务犯罪检察职能定位与机构设置[J].国家行政学院学报，2018（1）：82-86，150.

[27] 何荣功.预防刑法的扩张及其限度[J].法学研究，2017，39（4）：138-154.

[28] 谷永超. 英美刑法的理性人标准及其启示 [J]. 中国刑事法杂志, 2017 (4): 131-144.

[29] 谷志军. 党内问责制: 历史、构成及其发展 [J]. 社会主义研究, 2017 (1): 99-104.

[30] 陈尔彦. 现代客观归责理论的源流: 从主观到客观 [J]. 刑法论丛, 2020, 63 (3): 226-252.

[31] 陈兴良. 纯正的过失犯与不纯正的过失犯: 立法比较与学理探究 [J]. 法学家, 2015 (6): 101-115, 176-177.

[32] 陈兴良. 过失犯的规范构造: 以朱平书等危险物品肇事案为线索 [J]. 比较法研究, 2020 (5): 22-34.

[33] 陈金林. 从等价报应到积极的一般预防——黑格尔刑罚理论的新解读及其启示 [J]. 清华法学, 2014, 8 (5): 142-161.

[34] 陈洪兵. 渎职罪理论与实务中的常见误读及其澄清 [J]. 苏州大学学报 (法学版), 2015, 2 (4): 67-74.

[35] 陈璇. 论过失犯的注意义务违反与结果之间的规范关联 [J]. 中外法学, 2012, 24 (4): 683-705.

[36] 陈毅坚. 过失犯归责构造之反思与重构 [J]. 国家检察官学院学报, 2021, 29 (4): 114-129.

[37] 欧阳本祺. 论特别认知的刑法意义 [J]. 法律科学 (西北政法大学学报), 2016, 34 (6): 44-51.

[38] 易益典. 监督过失型渎职犯罪的因果关系判断 [J]. 法学, 2018 (4): 173-181.

[39] 周维明. 雅各布斯的客观归责理论研究 [J]. 环球法律评论, 2015, 37 (1): 71-87.

[40] 胡洋. 注意义务论纲: 基于行为无价值论的新思考 [J]. 中

国刑事法杂志，2016（2）：3-23.

[41] 姜涛. 行政犯与二元化犯罪模式 [J]. 中国刑事法杂志，2010（12）：9-20.

[42] 姜涛. 规范保护目的：学理诠释与解释实践 [J]. 法学评论，2015，33（5）：107-117.

[43] 姚诗. 不真正不作为犯：德日的差异演进及中国的后发式研究 [J]. 中外法学，2021，33（3）：723-742.

[44] 秦前红，周航. 党纪处分与政务处分的衔接协调及运行机制 [J]. 中国法律评论，2021（1）：167-178.

[45] 莫洪宪，黄鹏. 论结果客观归责中的溯责禁止 [J]. 法律科学（西北政法大学学报），2017，35（6）：78-88.

[46] 夏伟. 监察体制改革"纪法衔接"的法理阐释及实现路径 [J]. 南京师大学报（社会科学版），2020（1）：120-130.

[47] 徐成. 论风险升高理论的法理证成：基于事实推定的视角 [J]. 苏州大学学报（法学版），2018，5（4）：13-27.

[48] 郭文涛.《政务处分法》双轨惩戒制度之间的衔接协调 [J]. 法学，2020（12）：147-158.

[49] 唐健，程世国. 渎职犯罪罪刑配置的规范性分析 [J]. 人民检察，2012（11）：72-73.

[50] 董玉庭. 从客观因果流程到刑法因果关系 [J]. 中国法学，2019（5）：249-266.

[51] 喻浩东. 反思不法归责中的"特别认知"：以德国相关学理为参照 [J]. 苏州大学学报（法学版），2018，5（3）：93-112.

[52] 曾军翰. 人的不法理论与一阶层过失模式之证成 [J]. 四川大学学报（哲学社会科学版），2021（1）：184-192.

[53] 谢治东. 论结果回避可能性与过失犯的归责 [J]. 政法论坛, 2017, 35 (2): 62-73.

[54] 谢雄伟. 监督过失中因果关系的"二阶判断" [J]. 政治与法律, 2016 (5): 149-160.

[55] 简爱. 我国行政犯定罪模式之反思 [J]. 政治与法律, 2018 (11): 31-44.

[56] 蔡仙. 论过失犯中结果避免可能性的判断方法 [J]. 苏州大学学报 (法学版), 2020, 7 (4): 100-111.

[57] 管华. 党内法规制定技术规范论纲 [J]. 中国法学, 2019 (6): 118-138.

[58] 黎宏. 论抽象危险犯危险判断的经验法则之构建与适用: 以抽象危险犯立法模式与传统法益侵害说的平衡和协调为目标 [J]. 政治与法律, 2013 (8): 2-9.

（四）报纸

[1] 李少文. 全面深化国家监察体制改革 [N]. 学习时报, 2018-03-07 (5).

[2] 肖培. 强化对权力运行的制约和监督 [N]. 人民日报, 2019-12-16 (9).

二、外文参考文献

[1] 山中敬一. 刑法総論: ロースクール講義 [M]. 東京: 成文堂, 2006.

[2] 井田良. 刑法総論の理論構造 [M]. 東京: 成文堂, 2005.

[3] 半田祐司. 不法問題としての過失犯論 [M]. 東京: 成文堂, 2009.

［4］杉本一敏．結果無価値論から見た過失犯の結果回避可能性［C］//高橋則夫．曽根威彦先生、田口守一先生古稀祝賀論文集．東京：成文堂，2014.

［5］高橋則夫．過失犯の行為規範に関する一考察［C］//神山敏雄先生古稀祝賀論文集：第一巻：過失犯論・不作為犯論・共犯論．東京：成文堂，2006.

［6］GRAYCAR A，MASTERS A. Preventing Malfeasance in Low Corruption Environments：Twenty Public Administration Responses［J］. Journal of Financial Crime，2018，25（1）：170-186.

［7］TENBRINK C. Executive Malfeasance：Surprisingly，Honesty May not be the Best Policy［J］. Society and Business Review，2019，14（3）：217-227.

［8］CHABA D. Public Officials' Liability：A Case Study on Poland［J］. International Review of Administrative Sciences，2020，86（1）：169-182.

［9］DI MOLFETTA E，BROUWER MSC J. Unravelling the Crimmigration Knot：Penal Subjectivities，Punishment and the Censure Machine［J］. Criminology and Criminal Justice，2020，20（3）：302-318.

［10］CHANG E C C，GOLDEN M A，HILL S J. Legislative Malfeasance and Political Accountability［J］. World Policies，2010，62（2）：177-220.

［11］NEETHLING J，POTGIETER J. Foreseeability：Wrongfulness and Negligence of Omissions in Delict—The Debate Goes On：MTO Forestry（Pty）Ltd v Swart NO 2017 5 SA 76（SCA）［J］. Journal of Juridical Science，2018，43（1）：145-161.

［12］ ARONSON M. Misfeasance in Public Office: A Very Peculiar Tort ［J］. Melbourne University Law Review, 2011, 35 (1): 1-51.

［13］ LINSDELL G. Police Corruption: Deviance, Accountability and Reform in Policing ［J］. Policing: A Journal of Policy and Practice, 2010, 4 (4): 344-350.

［14］ WHITE M D, KANE R J. Pathways to Career－Ending Police Misconduct: An Examination of Patterns, Timing, and Organizational Responses to Officer Malfeasance in the NYPD ［J］. Criminal Justice and Behavior, 2013, 40 (11): 1301-1325.

［15］ PARSONS S. Misconduct in a Public Office: Should it Still be Prosecuted? ［J］. The Journal of Criminal Law, 2012, 76 (2): 179-185.